Sappho

UND ICH SCHLAFE ALLEIN · GEDICHTE

Sappho

UND ICH SCHLAFE ALLEIN
GEDICHTE

Neu übersetzt und erklärt
von Albert von Schirnding

C. H. BECK textura

Die Reihe textura wurde vom Verlag Langewiesche-Brandt (Ebenhausen bei München) gegründet und wird seit dem Jahr 2010 vom Verlag C. H. Beck fortgeführt.

Satz: Fotosatz Amann, Aichstetten
Druck und Bindung: Pustet, Regensburg
Umschlagentwurf: Kunst oder Reklame, München
Umschlagabbildung: Mädchen mit Schreibgriffel, Wandgemälde, Pompeji, © akg-images / Nimatallah
Gedruckt auf säurefreiem, alterungsbeständigem Papier (hergestellt aus chlorfrei gebleichtem Zellstoff)
Printed in Germany
ISBN 978 3 406 65323 0
www.beck.de

INHALT

GEDICHTE

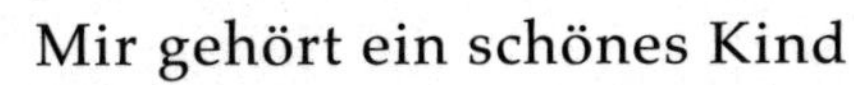

Mir gehört ein schönes Kind

1

Ἔϲτι μοι κάλα πάιϲ χρυϲίοιϲιν ἀνθέμοιϲιν
ἐμφέρη<ν> ἔχοιϲα μόρφαν Κλέιϲ < > ἀγαπάτα,
ἀντὶ τᾶϲ ἔγωὐδὲ Λυδίαν παῖϲαν οὐδ᾽ ἐράνναν . . .

1

Mir gehört ein schönes Kind, gleich goldnen
Blumen ist ihr Wuchs,
Kleis heißt mein Liebling,
die gäb ich nicht für Lydiens ganze Pracht.
(…)

2

a

. .].θοϲ· ἀ γάρ μ’ ἐγέννα̣[τ

[–]

ϲ]φᾶϲ ἐπ’ ἀλικίαϲ μέγ[αν

κ]όϲμον αἴ τιϲ ἔχη φόβα<ι>ϲ̣[

π̣ορφύρ̣ωι κατελιξαμέ[να

<–>

ἔ̣μμεναι μά̣λα τοῦτο .[

ἀ̣λλα ξανθοτέρα<ι>ϲ ἔχη[

τ̣α<ὶ>ϲ κόμα<ι>ϲ δάϊδοϲ προφ[

[–]

ϲ]τεφάνοιϲιν ἐπαρτία[ιϲ

ἀ̣νθέων ἐριθαλέων· [

μ]ι̣τράναν δ’ ἀρτίωϲ κλ[

[–]

π̣οικίλαν ἀπὺ Ϲαρδίω[ν

. . .].αονίαϲ πόλ{ε}ιϲ [

2

(…)
Meine Mutter sprach einst so zu mir:

Wenn ein junges Mädchen mit einem Purpurband
das dichte Haar umflochten trägt,
ist das ein wirklich schöner Schmuck.

Das sei ja eine große Kostbarkeit.
Hat aber eine blondes Haar, noch heller,
als eine Fackel leuchtet,

steht ihr am besten eine Kopfbedeckung
aus Kränzen vollerblühter Blumen.
Doch eine Haube, Kleis, wie du sie

neuerdings von mir gern haben willst,
eine farbenpächtige aus Sardes,
die man in Lydiens Städten heute trägt,

b

— ϲοὶ δ' ἔγω Κλέι ποικίλαν [
— οὐκ ἔχω – πόθεν ἔϲϲεται; – [
— μιτράν<αν>· ἀλλὰ τῶι Μυτιληνάωι [

* * *

].[
παι.α.ειον ἔχην πο.[
αἰκε̣.η̣ ποικιλαϲκ . . . (.) [
–
ταῦτα τὰϲ Κλεανακτιδα̣[
φύγαϲ̣ †. . ι̣ϲαπολιϲεχει†
μνάματ'· .ἴδε γὰρ αἶνα διέρρυε̣[ν
–

so eine hab ich nicht für dich, weiß nicht,
woher ich sie bekommen könnte. Frag doch
den Mann, der jetzt in Mytilene herrscht,

ob er ein solches Prachtstück dir verschafft.
Er ist ja mächtig; fast die ganze Stadt
steht hinter ihm. Doch wir sind arm,

seitdem der Kleaniden Herrschaft
uns zu Flüchtlingen gemacht und in der Stadt
viel böses Angedenken hinterlassen hat.

3

Κύπρι καὶ] Νηρήϊδες, ἀβλάβη[ν μοι
τὸν κασί]γνητον δ[ό]τε τυίδ' ἴκεσθα[ι
κὤσσα ϝ]ο̣ι̣ θύμω<ι> κε θέλη γένεσθαι
          πάντα τε]λέσθην,

ὄσσα δὲ πρ]όσθ' ἄμβροτε πάντα λῦσα[ι
καὶ φίλοισ]ι ϝοῖσι χάραν γένεσθαι
....................ἔ]χθροισι, γένοιτο δ' ἄμμι
   ....μ]ηδ' εἶς.

τὰν κασιγ]νήταν δὲ θέλοι πόησθαι
          ]τίμας, [ὀν]ίαν δὲ λύγραν
          ]οτοισι π[ά[ροιθ' ἀχεύων
          ]. να

*

Κύ]πρι κα[ί σ]ε πι[κροτ'..]α̣ν ἐπεύρ[οι
μη]δὲ καυχάσ[α]ι̣το τόδ' ἐννέ[ποισα
Δ]ω̣ρίχα τὸ δεύ[τ]ερον ὠς ποθε[
          ]ερον ἦλθε.

3

Nereiden, Töchter des Meeres, gebt, daß
unversehrt der Bruder mir heimgelange.
Alles, was er immer sich wünschen möge,
soll sich erfüllen.

Der zuvor begangene Frevel sei ge-
tilgt, und Freude soll er bereiten seinen
Freunden, Leid den Feinden, doch uns soll keiner
künftig bedrängen.

Seiner Schwester Ehre zu achten, sei er
stets bemüht, von drückendem Kummer, den sein
einstmals schlimmes Treiben mir auflud, soll mein
Herz er befreien!

Kypris aber möge die Hure strafen,
soll der stolzen Doricha Nacken beugen,
daß kein zweites Mal sie der Liebe meines
Bruders sich rühme!

4

Πλάσιον δη μ[
πότνι' Ἦρα cὰ χ[
τὰν ἀράταν Ἀτ[ρέιδαι κλῆ-]
τοι βασίληες·
–
ἐκτελέccαντες μ[
πρῶτα μὲν περι.[
τυίδ' ἀπορμάθεν[τες
οὐκ ἐδύναντο
–
πρὶν cὲ καὶ Δί' ἀντ[
καὶ Θυώνας ἰμ̣ε[
νῦν δὲ κ[
κὰτ τὸ παλ̣[
–
ἄγνα καὶ κα̣[
π]αρθ[εν
ἀ]μφι.[
[ ]
[–]
[ ]
.[.].νιλ[
ἔμμενα̣[ι
[?]ρ̣(') ἀπίκε[cθαι.
–

4

Komm zu mir ganz nahe, erhöre, Herrin,
huldvoll meiner Stimme erneutes Rufen,
Hera, die den beiden Atriden einstmals
Fahrtwind gewährte,

als sie dir die heilige Stätte weihten,
hier gelandet von des Skamandros Ufer
nach dem kühn bestandenen schweren Ringen,
sie, die vergebens

heimzukehren suchten, bevor sie endlich
dir und Zeus sowie der Thyona schönem
Knaben Opfer brachten und Lieder sangen,
die wir noch heute

euch zu Ehren pflegen beim Jahresfeste,
wenn die Mädchen deines Altares Blüten
rings im Reigen singend umtanzen, mir auch
gib jetzt die Heimkehr!

5

]επι.ε̣cμα[
]ε, γάνοc δὲ και̣. . [
]
τ]ύχαι cὺν ἔcλαι
λί]μ̣ενοc κρέτηcαι
γ]ᾶc μελαίναc
]
]έλοιcι ναῦται
] μ̣εγάλαιc ἀήται[c
]α κἀπὶ χέρcω

5

Gib uns, fleh ich, selige Göttin, gute
Fahrt und laß uns glücklich zum Hafen auf die
schwarze Erde wieder gelangen, die uns
Sicherheit bietet.

Einhalt möge endlich dem Sturm befehlen
deine Macht, dämmen die Furcht der Schiffer,
daß die Fahrt sie nicht mehr verweigern, wir das
Festland erreichen.

Eros hat meine Sinne erschüttert

6

O]ἰ μὲν ἰππήων cτρότον, οἰ δὲ πέcδων,
οἰ δὲ νάων φαῖc' ἐπ[ὶ] γᾶν μέλαι[ν]αν
ἔ]μμεναι κάλλιcτον, ἔγω δὲ κῆν' ὄτ-
    τω τις ἔραται·
[–]
πά]γχυ δ' εὔμαρες cύνετον πόηcαι
π]άντι τ[ο]ῦ̣τ', ἀ γὰρ πόλυ περcκέ̣θ̣ο̣ι̣c̣α
κ̣άλ̣λο̣c̣ [ἀνθ]ρ̣ώπων Ἐλένα [τὸ]ν ἄνδρα
    τ̣ὸν̣ [αρ]ι̣cτον
[–]
κ̣αλλ[ίποι]c̣' ἔβα 'c Τροΐαν πλέοι̣[c̣α
κωὐδ[ὲ πα]ῖδοc οὐδὲ φίλων το[κ]ήων
π̣ά[μπαν] ἐμνάcθ<η>, ἀ̣λλὰ παράγ̣α̣γ̣' α̣ὔταν
    `   ]cαν
[–]
        ]αμπτον γάρ [
      ]. . . κούφωcτ[   ]οη.[.]ν̣

. .]μ̣ε̣ νῦν Ἀνακτορί[αc ὀ]ν̣έ̣μναι-
    c' οὐ] παρεοίcαc,
[–]
τᾶ]c <κ>ε βολλοίμαν ἔρατόν τε βᾶμα
κἀμάρυχμα λάμπρον ἴδην προcώπω
ἢ τὰ Λύδων ἄρματα κἀν ὅπλοιcι
    πεcδομ]άχενταc.

6

Manche finden Reiter das Allerschönste
hier auf Erden, andere Fußsoldaten
oder Schiffe – ich aber das, was einer
liebt über alles.

Ohne Mühe kann das verstehen, wer sich
jener Frau erinnert, die einst an Schönheit
alle übertraf und verließ den besten
Mann und davonging,

fuhr den weiten Weg mit dem Schiff nach Troja,
ohne an ihr Kind und die lieben Eltern
nur zu denken, folgte allein dem Ruf des
eigenen Herzens.

Und auch mich wie Helena zwingt die Göttin,
meinen Sinn weit über das Meer zu lenken,
in Gedanken mit Anaktoria wieder
innig verbunden.

Lieber will ich schauen den Schritt des Mädchens,
lieber dieses leuchtende Antlitz sehen
als die Pracht der lydischen Reiter, waffen-
starrende Kämpfer.

(...)

7

. . ανοθεν κατιου[c|-
†δευρυμμεκρητε̣cιπ̣[.]ρ̣[   ]|.† ναῦον
ἄγνον ὄππ̣[αι   ]| χάριεν μὲν ἄλcοc
μαλί[αν],| β̣ῶμοι δ᾽ ἔ<ν>ι θυμιάμε-
    νοι [λι]|β̣ανώτω<ι>·
ἐν δ᾽ ὔδωρ ψῦχρο⌊ν⌋| κελάδει δι᾽ ὔcδων
μαλίνων,| βρόδοιcι δὲ παῖc ὀ χῶροc
ἐcκί|αcτ᾽, αἰθυccομένων δὲ φύλλων|
    κῶμα †καταιριον·
ἐν δὲ λείμων| ἰπ̣π̣όβοτοc τέθαλε
†τω̣τ. . . (.)ριν|νοιc† ἄνθεcιν, αἰ <δ᾽> ἄηται
μέλλι|χα πν[έο]ιcιν [
    [   ]
ἔνθα δὴ cὺ †cυ.αν†| ἔλοιcα Κύπρι
χρυcίαιcιν ἐν κυ|λίκεccιν ἄβρωc
<ὀ>μ<με>μεί|χμενον θαλίαιcι| νέκταρ
    οἰνοχόειcα

7

(...)

Hierher komm zum heiligen Tempel, Göttin,
wo ein Hain voll reizender Schönheit wartet,
Apfelbäume blühen für dich und Weihrauch
dampft auf Altären.

Kühles Wasser rauscht zwischen Apfelzweigen,
überall im Schatten von Rosen liegt der
Platz, von sanftem Wind ist das Laub bewegt, und
Schlaf senkt sich nieder.

Eine Wiese blüht, wo die Pferde weiden,
Frühlingsblumen decken den Boden, bunte
Kräuter sprießen: Anis und Flammenkraut, es
duftet nach Honig.

Komm jetzt, Kypris, komm aus dem fernen Kreta,
kränze uns die Häupter und schenke reichlich
Nektar ein in goldene Becher, mit uns
freu dich des Festes.

8

ϲὺ δὲ ϲτεφάνοιϲ, ὦ Δίκα, π⌋έρθεϲ⌊θ’ ἐράτοιϲ φόβαιϲιν
ὄρπακαϲ ἀνήτω ϲυν<α>⌋έ⌊ρρ⌋αιϲ̣⌊’ ἀπάλαιϲι χέρϲιν·
εὐάνθεα † γὰρ πέλεται † καὶ Χάριτεϲ μάκαιρα<ι>
μᾶλλον † προτερην †, ἀϲτεφανώτοιϲι δ’ ἀπυϲτρέφονται.

8

(…)

Du, meine Dika, leg um dein Haar reizende Kränze,
mit zarter Hand geflochten aus Stengeln von Dill.
Sehen doch auch die Chariten, die göttlichen, lieber
ein Mädchen in Blumen, wenden von Unbekränzten sich ab.

9

.].ẹ.[. . . .].[. . . κ]έλομαι ϲ.[
. .].γυλα.[. . .]ạνθι λάβοιϲα.α.[
πᾶ]κτιν, ᾆϲ̣ ϲε δηὖτε πόθοϲ τ̣.[
    ἀμφιπόταται
–
τὰν κάλαν· ἀ γὰρ κατάγωγιϲ αὔτ̣α[
ἐπτόαιϲ' ἴδοιϲαν, ἔγω δὲ χαίρω,
καὶ γ̣ὰρ αὔτ̣α δή πο̣[τ'] ἐμεμφ[
    Κ]υπρογέν[ηα

9

Hör mein Rufen, Gongyla, du mein Mädchen,
nimm zur Hand die Leier und singe, da doch
deine Schönheit wiederum weckt das alte
Liebesverlangen.

Reiz umfließt dich, schon das Gewand, in dem du
uns erscheinst, entzückt jedes Auge, Freude
ist sein Anblick mir, und selbst Aphrodite
könnte nichts tadeln.

(…)

10

ἄϲτερεϲ μὲν ἀμφὶ κάλαν ϲελάνναν
ἂψ ἀπυκρύπτοιϲι φάεννον εἶδοϲ
ὄπποτα πλήθοιϲα μάλιϲτα λάμπη
    γᾶν. . . .

10

Immer wenn das volle Gestirn Selannas
silbern über Fluren und Meer sein Licht wirft,
schwindet gleich das leuchtende Antlitz aller
anderen Sterne.

(…)

11

πόλυ πάκτιδος ἀδυμελεστέρα . . . .
χρύσω χρυσοτέρα . . . .

11

Viel süßer als Leierklang tönt ihr Lied,
goldener ist sie als Gold.

12

αν]τιον εἰcίδωc[
]Ἑρμιόνα τεαυ[τα
] ξάνθαι δ᾽ Ἐλέναι c᾽ ἐίc[κ]ην
]κεc
].ιc θνάταιc, τόδε δ᾽ ἴσ[θι] τὰι cᾶι
]παίcαν κέ με τὰν μερίμναν
]λ̣αιc᾽ ἀντιδ[. .]΄[.]α̣θοιc δὲ̣

12

(…)

Da ich jetzt dich mir gegenüber sitzen
sehe, scheinst du Helenas Tochter Hermione, nein der göttlichen selbst, der blonden,
scheinst du zu gleichen,

wenn erlaubt ist Sterblichen solche Nähe.
Aber wissen sollst du in deinem Herzen:
Gern ertrag ich Sorge um dich und Kummer
für diesen Anblick.

(…)

13

Ἔρος δ' ἐτίναξέ <μοι>
φρένας, ὠς ἄνεμος κὰτ ὄρος δρύσιν ἐμπέτων

13

Eros hat meine Sinne erschüttert,
wie ein Sturm bergabwärts in Eichen fällt.

14

Ἔροϲ δηὖτέ μ’ ὀ λυϲιμέληϲ δόνει,
γλυκύπικρον ἀμάχανον ὄρπετον

* * *

Ἄτθι, ϲοὶ δ’ ἔμεθεν μὲν ἀπήχθετο
φροντίϲδην, ἐπὶ δ’ Ἀνδρομέδαν πότη<ι>

14

Wieder fällt Eros mich an, der gliederlösende,
bittersüßes, unwiderstehliches Untier.
(…)
Atthis, dir wurde verhaßt, an mich
zu denken, auf Andromeda fliegst du.

15

οὐκ οἶδ' ὄττι θέω· δύο μοι τὰ νοήματα

15

Was soll ich tun? Weiß nicht. Zwiefach ist mein Sinn.

16

Ἠράμαν μὲν ἔγω σέθεν, Ἄτθι, πάλαι ποτά
σμίκρα μοι πάις ἔμμεν' ἐφαίνεο κἄχαρις

16

Liebgewonnen hab ich dich einst, Atthis, vor langer Zeit.
Warst noch ein kleines Kind, schienst mir noch ohne Reiz.
(...)

17

Ποι⌋κιλόθρο⌊ν' ἀθανάτ' Αφρόδιτα,
παῖ⌋ Δ⌊ί⌋ος δολ⌊όπλοκε, λίσσομαί σε,
μή μ'⌋ ἄσαισι ⌊μηδ' ὀνίαισι δάμνα,
πότν⌋ια, θῦ⌊μον,
ἀλλ⌋ὰ τυίδ' ἔλ⌊θ', αἴ ποτα κἀτέρωτα
τὰ⌋ς ἔμας αὔ⌊δας ἀίοισα πήλοι
ἔκ⌋λυες, πάτρο⌊ς δὲ δόμον λίποισα
χ⌋ρύσιον ἦλθ⌊ες
ἄρ⌋μ' ὐπασδε⌊ύξαισα· κάλοι δέ σ' ἆγον
ὤ⌋κεες στροῦ⌊θοι περὶ γᾶς μελαίνας
πύ⌋κνα δίν⌊νεντες πτέρ' ἀπ' ὠράνω‿αἴθε-
ρο⌋ς διὰ μέσσω·
αἶ⌋ψα δ' ἐξίκο⌊ντο· σὺ δ', ὦ μάκαιρα,
μειδιαί⌊σαισ' ἀθανάτωι προσώπωι
ἤ⌋ρε' ὄττ⌊ι δηὖτε πέπονθα κὤττι
δη⌋ὖτε κ⌊άλ⌋η⌊μμι
κ⌋ὤττι ⌊μοι μάλιστα θέλω γένεσθαι
μ⌋αινόλαι ⌊θύμωι· τίνα δηὖτε πείθω
.⌋.ṣάγην ⌊ἐς σὰν φιλότατα; τίς σ', ὦ
Ψά⌊πφ', ⌊ἀδίκηι;

17

Aphrodite, Göttin auf buntem Throne,
Zeuskind, listenspinnendes, zu dir fleh ich:
Nicht mit Plage zähme und neuer Drangsal,
Herrin, das Herz mir!

Hast du nicht ein anderes Mal schon meiner
Stimme Klang vernommen aus weiter Ferne,
mich erhört und bist aus des Vaterhauses
Goldglanz gekommen?

Hast sogleich die Vögel gespannt, die schönen,
an das Joch des Wagens, und flügelschwirrend
zogen sie vom Himmel herab durch blaue
Luft dich zur schwarzen

Erde, eilig. Du aber, Göttin, lachtest
mir aus deinem seligen Antlitz zu und
fragtest, was ich wiederum leide, was ich
wieder dich rufe.

Was so sehr ich rasenden Herzens wünsche,
daß es mir geschehe. «Und wen soll Peitho
diesmal deiner Liebe gewinnen, sag mir,
Sappho, wer kränkt dich?

κα⌋ὶ γ⌊ὰρ αἰ φεύγει, ταχέως διώξει,
αἰ δὲ δῶρα μὴ δέκετ', ἀλλὰ δώϲει,
αἰ δὲ μὴ φίλει, ταχέως φιλήϲει
    κωὐκ ἐθέλοιϲα.
ἔλθε μοι καὶ νῦν, χαλέπαν δὲ λῦϲον
ἐκ μερίμναν, ὄϲϲα δέ μοι τέλεϲϲαι
θῦμοϲ ἰμέρρει, τέλεϲον, ϲὺ δ' αὔτα
    ϲύμμαχοϲ ἔϲϲο.

Sie, die jetzt dich flieht, wird dich bald verfolgen,
sie, die deine Gaben verschmäht, wird geben,
sie, die keine Liebe gekannt, wird lieben,
ob sie auch nicht will.»

Komm zu mir auch jetzt, und der schweren Sorgen
Bande löse, was an Erfüllung heiß das
Herz ersehnt, erfülle, und sei du selbst im
Kampf mir zur Seite!

18

Φαίνεταί μοι κῆνοϲ ἴϲοϲ θέοιϲιν
ἔμμεν' ὤνηρ, ὄττιϲ ἐνάντιόϲ τοι
ἰϲδάνει καὶ πλάϲιον ἆδυ φωνεί-
    ϲαϲ ὐπακούει
καὶ γελαίϲαϲ ἰμέροεν, τό μ' ἦ μὰν
καρδίαν ἐν ϲτήθεϲιν ἐπτόαιϲεν·
ὠϲ γὰρ <ἔϲ> ϲ' ἴδω βρόχε' ὤϲ με φώνη-
    ϲ' οὐδὲν ἔτ' εἴκει,
ἀλλὰ †καμ† μὲν γλῶϲϲα †ἔαγε†, λέπτον
δ' αὔτικα χρῶι πῦρ ὐπαδεδρόμακεν,
ὀππάτεϲϲι δ' οὐδὲν ὄρημμ', ἐπιβρό-
    μειϲι δ' ἄκουαι,
†έκαδε† μ' ἴδρωϲ κακχέεται, τρόμοϲ δὲ
παῖϲαν ἄγρει, χλωροτ⸤έρα δὲ π⸥οίαϲ
ἔμμι, τεθ⸤νάκην δ' ὀ⸥λίγω 'πιδε⸤ύηϲ
    φα⸥ίνομ' ἔμ' αὔτ̣[αι.
ἀλλὰ πὰν τόλματον, ἐπεὶ †καὶ πένητα†

18

Göttern gleich erscheint mir der Mann dort, der dir
gegenübersitzt und aus nächster Nähe
deine Rede hört und vernimmt den süßen
Klang deiner Stimme

und dein sehnsuchtweckendes Lachen, was mein
Herz doch wahrlich arg in der Brust verstört, wenn
schon dein Anblick oft meiner Stimme jeden
Laut gleich verschlug, die

Zunge lähmte und mir die feinen Feuer-
Stiche jagte unter die Haut. Mit beiden
Augen seh ich nichts, und es dröhnt und brandet
dumpf in den Ohren.

Schweiß in Strömen rinnt mir herab, den ganzen
Körper hat ein Zittern erfaßt und fahler
bin ich noch als Gras, das verdorrte, wenig
fehlt, daß ich tot bin.

Aber alles läßt sich ertragen (…)

19

] cαρδ.[. .]
πόλ]λακι τυίδε̣ [.]ων ἔχοιcα
[–]
ὠcπ.[. . .].ώομεν, .[. . .]. . χ[. .]
cε †θεαcικελαν ἀρι-
γνωτα†, cᾶι δὲ μάλιcτ᾽ ἔχαιρε μόλπαι̣·
<–>
νῦν δὲ Λύδαιcιν ἐμπρέπεται γυναί-
κεccιν ὤc ποτ᾽ ἀελίω
δύντοc ἀ βροδοδάκτυλοc <cελάννα>
<–>
πάντα περ<ρ>έχοιc᾽ ἄcτρα· φάοc δ᾽ ἐπί-
cχει θάλαccαν ἐπ᾽ ἀλμύραν
ἴcωc καὶ πολυανθέμοιc ἀρούραιc·
–
ἀ δ᾽ <ἐ>έρcα κάλα κέχυται, τεθά-
λαιcι δὲ βρόδα κἄπαλ᾽ ἄν-
θρυcκα καὶ μελίλωτοc ἀνθεμώδηc·
<–>
πόλλα δὲ ζαφοίταιc᾽ ἀγάναc ἐπι-
μνάcθειc᾽ Ἄτθιδοc ἰμέρωι
λέπταν ποι φρένα κ[.]ρ. . . βόρηται·
<–>
κῆθι δ᾽ ἔλθην ἀμμ.[. .]. .

19

(…) Von Sardes her
richtet sie oftmals die Gedanken her zu uns,

denkt, wie wir einst miteinander gelebt. Gewiß
einer Göttin gleich ehrte dich Arignota,
und an deinem Gesang freute sie sich am meisten.

Jetzt aber unter den Frauen Lydiens sticht sie hervor,
wie, wenn Helios gesunken,
die rosenfingrige Mondgöttin

alle Sterne übertrifft. Ihr Licht
reicht über die salzige Meerflut
und zugleich über die blumenreichen Fluren.

Der Tau ist schön ergossen, es prangen
Rosen und zarte Anthrysken und
der blumige Honiglotos.

Sie aber geht ruhelos hin und her,
gedenkt der sanften Atthis voller Sehnsucht,
und der feine Sinn, das Herz sind ihr von Trübsal schwer.

Und daß wir kommen sollen, ruft sie laut.
(…)

20

τεθνάκην δ’ ἀδόλως θέλω·
ἄ με ψιcδομένα κατελίμπανεν
<—>
πόλλα καὶ τόδ’ ἔειπέ̣ [μοι·
ὤιμ’ ὠc δεῖνα πεπ[όνθ]αμεν,
Ψάπφ’, ἦ μάν c’ ἀέκοιc’ ἀπυλιμπάνω.
–
τὰν δ’ ἔγω τάδ’ ἀμειβόμαν·
χαίροιc’ ἔρχεο κἄμεθεν
μέμναιc’, οἶcθα γὰρ ὤc <c>ε πεδήπομεν·
–
αἰ δὲ μή,‿ἀλλά c’ ἔγω θέλω
ὄμναιcαι [. . . (.)].[. . (.)].ε̣αι
ὀ̣c̣[— 10 —] καὶ κάλ’ ἐπάcχομεν·
–
πό̣[λλοιc γὰρ cτεφάν]οιc ἴων
καὶ βρ[όδων . . .]κίων τ’ ὔμοι
κα. . [– 7 –] πὰρ ἔμοι π<ε>ρεθήκα<ο>
–
καὶ πό̣⸤λλαιc ὐπα⸥θύμιδαc
πλέκ⸤ταιc ἀμφ’ ἀ⸥πάλαι δέραι
ἀνθέων ἐ̣[– 6 –] πεποημέναιc.
<—>
καὶ π. . . . . [ ]. μύρωι
βρενθείωι̣ .[ ]ρ̣υ[. .]ν
ἐξαλ<ε>ίψαο κα̣[ὶ ⸤βαc⸥]ι̣ληίωι
<—>

20

(...)
Im Ernst: totsein will ich.
Die mich laut weinend zurückließ,

was hat sie alles zu mir gesagt, auch dies:
Wehe, wie schrecklich ergeht es uns,
Sappho, ach wider Willen verlaß ich dich!

Ich aber gab ihr zur Antwort dies:
Geh freudig fort, mich aber nimm
in Gedanken mit, du weißt ja, was du uns warst.

Hast du's vergessen, so will ich dich
an all das Schöne erinnern,
das wir zusammen erlebt.

Hast du nicht, als du bei mir warst,
Kränze aus Veilchen und Rosen,
gar viele, dir umgelegt

und viele Duftgewinde,
aus Blüten geflochten, dir
um den zarten Hals gehängt

und mit Öl aus Myrrhe
die Haut dir eingesalbt
wie ein Mädchen am Perserhof

καὶ cτρώμν[αν ἐ]πὶ μολθάκαν
ἀπάλαν παρ̣[ ]ο̣ν̣ων
ἐξίηc πόθο̣[ν].νίδων
<–>
κωὔτε τιc[οὔ]τ̣ε̣ τι
ἶρον οὐδ’ ὐ[ ]
ἔπλετ’ ὄππ̣[οθεν ἄμ]μεc ἀπέcκομεν,
<–>
οὐκ ἄλcοc .[ ].ροc
]ψοφοc
]. . . οιδιαι

und auf weichem Ruhebett
dein Verlangen nach
Liebe gestillt?

Da gabs keinen Tanz,
kein heiliges Fest,
wo wir nicht waren,

keinen Hain,
wenn die Lieder zum Laut
der Kastagnetten ertönten.
(…)

21

Δέδυκε μὲν ἀ cελάννα
καὶ Πληΐαδες· μέςαι δὲ
νύκτες, παρὰ δ' ἔρχετ' ὤρα,
ἔγω δὲ μόνα κατεύδω.

21

Gesunken ist Selanna,
sind die Plejaden. Mitternacht, vorüber die Stunde.
Und ich schlafe allein.

22

ταὶϲ κάλαιϲ’ ὔμμιν <τὸ> νόημμα τὦμον
οὐ διάμειπτον

22

Euch, den Schönen, gilt mein Sinnen
unveränderlich.

Abendstern, bringst hinweg
von der Mutter das Mädchen

23

κᾶρυξ ἦλθε̣ θε̣[– 10 –   ]ελε̣[. . .].θεις
Ἴδαος ταδεκα. . . φ[. .].ις τάχυς ἄγγελος
<«   >
τάς τ' ἄλλας Ἀςίας .[.]δε.αν κλέος ἄφθιτον·
Ἔκτωρ καὶ ςυνέταιρ̣[ο]ι ἄγο̣ις' ἐλικώπιδα
Θήβας ἐξ ἰέρας Πλακίας τ' ἀπ̣' [ἀϊ]ν<ν>άω
ἄβραν Ἀνδρομάχαν ἐνὶ ναῦςιν ἐπ' ἄλμυρον
πόντον· πόλλα δ' [ἐλί]γματα χρύςια κἄμματα
πορφύρ[α] καταΰτ[με]να, ποι̣κ̣ι̣λ' ἀθύρματα,
ἀργύρα̣ τ̣' ἀνά̣ρ⸤ι⸥θ̣μα ⸤ποτή⸥ρ⸤ια⸥ κἀλέφαις».
ὢς εἶπ'· ὀτραλέως δ' ἀνόρουςε πάτ[η]ρ̣ φίλος·
φάμα δ' ἦλθε κατὰ πτ̣όλιν εὐρύχο̣ρ̣ο̣ν φίλοις.
αὔτικ' Ἰλίαδαι ςατίναι[ς] ὐπ' ἐυτρόχοις
ἆγον αἰμιόνοις, ἐ̣π̣[έ]βαινε δὲ παῖς ὄχλος
γυναίκων τ' ἄμα παρθενίκα[ν] τ. . [. .].ςφύρων,
χῶρις δ' αὖ Περάμοιο θυγ[α]τρες[
ἴππ[οις] δ' ἄνδρες ὔπαγον ὐπ' ἄρ̣[ματα
π[   ]ες ἠίθ̣εοι, μεγάλω[ς]τι δ̣[
δ[   ]. ἀνίοχοι φ[. . . . .].[
π̣[']ξα.ο[
<   desunt aliquot versus   >.
                    ἴ]κελοι θέοι[ς
                    ] ἄγνον ἀολ[λε
⸤ὄ̣ρ̣μα̣τα̣ι⸥[   ]νον ἐς Ἴλιο[ν
⸤αὖλος δ' ἀδυ[μ]έλης̣⸥[   ]τ' ὀνεμίγνυ[το
⸤καὶ ψ[ό]φο[ς κ]ροτάλ⸥[ων   ]ως δ' ἄρα πάρ[θενοι
⸤ἄειδον μέλος ἄγν̣⸥[ον, ἴκα]νε δ' ἐς α̣ἴ̣θ̣[ερα

23

(…)
Zu Priamos, dem König, kam ein Herold gelaufen.
Neue Nachricht brachte Idaios, der schnelle Bote.
Unvergänglicher Ruhm sei beschieden
unter Asiens Städten unserer Stadt!
«Hektor führt aus dem heiligen Theben
und Plakia, dem Land der nie versiegenden Quellen,
mit seinen Gefährten in Schiffen über das salzige
Meer die zarte Andromache heim, das dunkeläugige
Mädchen. Und mit ihr in Fülle goldene Ketten,
purpurne Kleider, duftig gewebte, farbenprächtiges
Putzwerk, zahllose silberne Becher und Elfenbein!»
So sprach er. Unverzüglich machte der Vater sich auf,
und die Kunde gelangte durch die weiträumige Stadt
zu allen Verwandten. Sogleich spannten die Ilier
Maultiere vor die schnell laufenden Karren, das ganze
Frauenvolk stieg hinauf, mit ihm die schlankfüßigen Mädchen.
Gesondert von ihnen fuhren die Priamostöchter.
Die jungen Männer indessen spannten die Pferde vor die Wagen,
heimzugeleiten das göttergleiche Paar in das heilige Ilion.
Der Flöte süßer Ton und Leierklang mischten sich
mit dem Lärm von Kastagnetten, die Mädchen sangen
hellstimmig ihr heiliges Lied, zum Himmel stieg

⸤ἄχω θεϲπεϲία̣ γελ̣⸥[
⸤πάνται δ' ἦϲ κὰτ ὄδο⸥[ιϲ
⸤κράτηρεϲ| φίαλαί τ' ὀ⸥[. . .]υεδε[. .]. . εακ[.].[
⸤μύρρα κα|ὶ καϲία λίβ⸥ανόϲ τ' ὀνεμείχνυτο

⸤γύναικεϲ δ' ἐλέλυϲδο⸥ν ὄϲαι προγενέϲτερα[ι
⸤πάντεϲ δ' ἄνδρεϲ ἐπ⸥ήρατον ἴαχον ὄρθιον
⸤πάον' ὀνκαλέοντεϲ⸥ Ἐκάβολον εὐλύραν
⸤ὔμνην δ' Ἔκτορα κ' Α⸥νδρομάχαν θεο<ε>ικέλο[ιϲ.

sein göttlicher Schall, Lachen erhob sich und Jubel.
Überall auf den Straßen drängte die Menge sich.
Krüge und Schalen kreisten, überfließend von Wein.
Myrrhen und Zimt und Weihrauch verschmolzen.
Die schon älteren Frauen schrien, jauchzend sangen
die Männer im Chor das erregende Hochzeitslied
dem Paian zu Ehren, dem Meister von Bogen und Leier,
und priesen Hektor und Andromache, das göttliche Paar.

24

κῆ δ' ἀμβροcίαc μὲν
κράτηρ ἐκέκρατ'
    Ἔρμαιc δ' ἔλων ὄλπιν θέοιc' ἐοινοχόηcε.
κῆνοι δ' ἄρα πάντεc
καρχάcι' ἦχον
    κἄλειβον· ἀράcαντο δὲ πάμπαν ἔcλα γάμβρωι

24

Da war mit Ambrosia
der Trank im Krug gemischt.
Hermes ergriff die Kanne, schenkte den Göttern ein.
Und alle, die Becher in Händen,
erbaten zur Spende Fülle des Segens
dem Bräutigam.

25

Ἴψοι δὴ τὸ μέλαθρον,
ὑμήναον,
ἀέρρετε, τέκτονες ἄνδρες·
ὑμήναον.
γάμβρος †(εἰc)έρχεται ἶcoc Ἄρευι†,
<ὑμήναον,>
ἄνδρος μεγάλω πόλυ μέcδων.
<ὑμήναον.>

25

Hoch das Dach,
  – Hymenaios! –
macht hoch die Tür, ihr Zimmerer!
  – Hymenaios! –
Ein Bräutigam tritt herein, dem Ares gleich,
  – Hymenaios! –
ein großer Mann, nein, viel größer noch.
  – Hymenaios! –

26

Θυρώρωι πόδες ἐπτορόγυιοι,
τὰ δὲ cάμβαλα πεμπεβόεια,
πίccυγγοι δὲ δέκ' ἐξεπόνηcαν

26

Der Türwart hat Füße sieben Klafter lang,
und Schuhe hat er aus fünf Rinderhäuten,
zehn Schuster haben sich abgemüht.

27

(νύμφη). παρθενία, παρθενία, ποῖ με λίποις᾽ ἀ<π>οίχηι;
(παρθενία). †οὐκέτι ἥξω πρὸς cέ, οὐκέτι ἥξω†

27

Jungfräulichkeit, Jungfräulichkeit,
wohin ach gehst du fort von mir?

Niemals komm ich zurück zu dir,
komm niemals mehr zurück!

28

θέλω τί τ᾽ εἴπην, ἀλλά με κωλύει
αἴδωϲ . . .
. . . .
[αἰ δ᾽ ἦχεϲ ἔϲλων ἴμερον ἢ κάλων
καὶ μή τί τ᾽ εἴπην γλῶϲϲ᾽ ἐκύκα κάκον,
αἴδωϲ †κέν ϲε οὐκ† ἦχεν ὄππατ᾽,
    ἀλλ᾽ ἔλεγεϲ †περὶ τῶ δικαίω]

28

Er: Ich will dir etwas sagen, doch mich hemmt
ein Gefühl der Scham.

Sie: Wäre gut, wäre schön, wonach du verlangst,
wäre nicht schlecht, was zu sagen die Zunge dich treibt,
keine Scham läge jetzt auf deinem Gesicht,
sprächst über etwas, das recht ist.

29

Ὄλβιε γάμβρε, cοὶ μὲν δὴ γάμοc ὠc ἄραο
ἐκτετέλεcτ', ἔχηιc δὲ πάρθενο ν, ἂν ἄραο.
cοὶ χάριεν μὲν εἶδοc, ὄππατα <δ'....>
μέλλιχ', ἔροc δ' ἐπ' ἰμέρτωι κέχυται προcώπωι
<.............> τετίμακ' ἔξοχά c' Ἀφροδίτα
χαῖρε, νύμφα, χαῖρε, τίμιε γάμβρε, πόλλα

29

Sie: Seliger Bräutigam, nun ging in Erfüllung,
was du dir wünschtest: die Hochzeit,
du hast das Mädchen, das du dir wünschtest.

Er: Reizend ist dein Anblick, dein Auge
süß wie Honig, und Liebe ist ergossen
über das entzückende Antlitz.

Alle: Ehre hast du erlangt vor allen andern
von Aphrodite.
Freue dich, Braut, freue dich, Bräutigam,

30

πάρθενοι δ[
παννυχίϲδοι̣[ϲ]α̣ι̣[
ϲὰν ἀείδοιϲ̣[ι]ν φ[ιλότατα καὶ νύμ-
    φαϲ ἰοκόλπω.
–
ἀλλ᾽ ἐγέρθε̣ι̣ϲ ἠΐθ[ε
ϲτεῖχε ϲοὶϲ ὐμάλικ̣[αϲ
ἤπερ ὄϲϲον ἀ λιγ̣ύφω̣[νοϲ
    ὔπνον [ἴ]δωμεν.
–

30

(…)

Unaufhörlich singen wir Mädchen unsre
Lieder, alle Stunden der Nacht, und singen
eure Liebe, Bräutigam du und veilchen-
duftende Braut du.

Aber wenn du, Bursche, erwachst, so geh zu
deinen Freunden wieder zurück, daß endlich
wie die Nachtigallen auch wir den kurzen
Schlummer erblicken.

31

Γλύκηα μᾶτερ, οὔ τοι δύναμαι κρέκην τὸν ἴςτον
πόθωι δάμειςα παῖδος βραδίναν δι' Ἀφροδίταν

31

Süße Mutter, ich kann
  nicht mehr weben am Webstuhl,
bezwungen vom Verlangen
  nach dem Knaben: Aphrodites Werk!

32

Ἔσπερε πάντα φέρηις ὄσα φαίνολις ἐσκέδασ' Αὔως,
φέρηις ὄιν, φέρηις αἶγα, φέρηις ἄπυ μάτερι παῖδα

32

Abendstern, alles bringst du zurück,
   was der Strahl des Morgens zerstreut hat,
bringst die Schafe zurück,
   bringst heimwärts die Ziegen,
bringst – hinweg von der Mutter das Mädchen.

33

οἶον τὸ γλυκύμαλον ἐρεύθεται ἄκρωι ἐπ' ὔcδωι,
ἄκρον ἐπ' ἀκροτάτωι, λελάθοντο δὲ μαλοδρόπηες·
οὐ μὰν ἐκλελάθοντ', ἀλλ' οὐκ ἐδύναντ' ἐπίκεcθαι

33

Wie der süße Apfel sich rötet
   oben am Zweig,
weit oben am höchsten,
   von den Pflückern vergessen,
o nein, nicht vergessen. Sie konnten ihn
   nur nicht erreichen.

34

Ἄρτεμιϲ δὲ θέων] μέγαν ὄρκον ἀπώμοϲε
κεφά]λαν· ἄϊ πάρθενοϲ ἔϲϲομαι
].ων ὀρέων κορύφα̣ι̣ϲ' ἔπι
]δ̣ε νεῦϲον ἔμαν χάριν·
ένευ]ϲ̣ε θέων μακάρων πάτηρ·
ἐλαφάβ]ολον ἀγροτέραν θέο̣ι
].ϲιν ἐπωνύμιον μέγα·
]εροϲ οὐδάμα πίλναται·

34

(…)
Artemis aber schwor den Eid der Götter, den großen,
bei des Vaters Haupt: «Auf ewig will Jungfrau ich bleiben
und zuhause im Hochgebirge auf Gipfeln
jagen. Du nicke dem Wunsch der Tochter Gewährung!»
Da gewährte ihr alles der Vater der seligen Götter.
Also lautet «unfehlbare Jägerin» nunmehr ihr großer
Name bei Göttern und auch bei den sterblichen Menschen.
Niemals berührt sie die Liebe, nie das Verlangen nach Hochzeit.
(…)

Jetzt nimm *du* die Leier

35

οὐ γὰρ θέμις ἐν μοισοπόλων <δόμωι>
θρῆνον ἔμμεν‘ <. . . . . . .> οὔ κ’ ἄμμι πρέποι τάδε

35

Nämlich nicht ist es recht, daß Totenklage ertöne,
wo man den Musen dient. Für uns gehört sich das nicht.

36

Ὄνοιρε μελαινα[
φ[ο]ίταις, ὄτα τ' ὔπνος [
–
γλύκυς̣ θ̣[έ]ο̣ς, ἦ δεῖν' ὀνίας μ[
ζὰ χῶρις ἔχην τὰν δυναμ[
–
ἔλπις δέ μ' ἔχει μὴ πεδέχη[ν
μηδὲν μακάρων ἐλ̣[
[–]
ο̣ὐ̣ γάρ κ' ἔον οὔτω[.΄.
ἀθύρματα κα.[
–
γένοιτο δέ μοι[
τοὶς πάντα[
–

36

Traum, der du kommst in schwarzer Nacht,
wenn Schlaf die Müden erquickt, der süße Gott.

Mich aber schreckt und quält, was du zeigst:
das Bild, dem alle Lebenskraft schwand.

Zwar teilzuhaben am ewigen Glück
der Götter: nein, das hoffe ich nicht.

Doch sei mir noch einige Zeit vergönnt,
bei den Mädchen zu weilen in Spiel und Tanz!

37

ἦ τι ϲᾶμ’ ἐθε.[
παιϲι μάλιϲτα.[
μαϲ γ’ ε̣ἴ̣ϲηλθ’ ἐπ.[
<—>
εἶπον· ὦ δέϲποτ’, ἐπ.[
ο]ὐ μὰ γὰρ μάκαιραν̣ [
ο]ὐδὲν ἄδομ’ ἔπαρθ’ ἀγα[
[–]
κατθάνην δ’ ἴμερόϲ τιϲ [ἔχει με καὶ
λωτίνοιϲ δροϲόενταϲ [ὄ-
χ̣[θ]οιϲ ἴδην Ἀχερ[
[–]

37

(…)

Ja, ein Zeichen hab ich empfangen,
der die Toten begleitet: Hermes
kam zu mir herein.

Ich sprach: O Herr, willkommen bist du mir.
Denn bei der seligen Göttin: jede Freude
ist mir geschwunden, ich leide zu sehr.

Eine Sehnsucht faßt mich: tot zu sein,
die lotosgrünen Ufer zu sehen des Acheron,
schimmernd im Tau,

hinabzugehen in des Hades Haus.
(…)

38

κ]α̣δδέκεται μέλαινα̣[
]ων ἀχέων ἐπαύcθη[
]. . . ϊ̣δ̣αι.λεεοι.[

38

Auch Achilleus deckt nun die schwarze Erde.
Der im Kampf um Troja dem Atreussohn die
größten Heldentaten vollbrachte, fand zum
Ende der Mühen.

39

Ψάπφοι, cεφίλ[
Κύπρωι̣ β̣[α]cίλ[
κ̣αίτοι μέγα δ.[
ὄ]ccοιc φαέθων̣ [
πάνται κλέοc [
–
καί c᾽ ἐνν Ἀχέρ[οντ
.[. . . . .]ν̣π̣[

39

(...)

Sappho, geliebt bist du,
das sag ich dir, die
über Kypros herrscht als Königin.

Von mir begabt mit hoher Kunst,
wirst du genannt bei allen Menschen,
soweit das Licht der Sonne reicht.

Und wenn die Nacht
beim Acheron dich deckt,
glänzt dein Name noch.

40

κατθάνοιϲα δὲ κείϲηι‿οὐδέ ποτα μναμοϲύνα ϲέθεν
ἔϲϲετ' οὐδὲ †ποκ'† ὔϲτερον· οὐ γὰρ πεδέχηιϲ βρόδων
τῶν ἐκ Πιερίαϲ, ἀλλ' ἀφάνηϲ κἀν Ἀίδα δόμωι
φοιτάϲηιϲ πεδ' ἀμαύρων νεκύων ἐκπεποταμένα.

μνάϲεϲθαί τινα φα(ῖ)μι † καὶ ἕτερον † ἀμμέων

40

Und bist du erst gestorben, liegst du einfach da. Vergessen
wirst du sein, und kein Gedanke wird künftig Sehnsucht
nach dir wecken. Hast ja nie den Duft gespürt der Rosen
aus Pierien! Namenlos wirst du im Haus des Hades
wandern unter Schatten, für immer fortgeflogen.

Doch an uns wird mancher sich erinnern später noch.

41

αἴ με τιμίαν ἐπόηcαν ἔργα
τὰ cφὰ δοῖcαι

41

Die mir Ehre brachten
durch ihrer Werke Gabe.

42

] ο̣ [

] υχ̣. [

] νῦν θα̣λ̣[ί]α̣ γ̣ [

] ν̣έρθε δὲ γᾶc γε̣ [. .].

] ν̣ ἔχο̣ι̣cαγ γέραc ὠc [ἔ]ο̣ι̣κε̣ν̣

] οιεν ὠc νῦν ἐπὶ γᾶc ἔοιcαν

λιγύ̣ραν, [α]ἴ κεν ἔλοιcα πᾶκτιν

]. . . α̣ κ̣άλα, Μοῖc’, ἀείδω.

42

Jetzt, inmitten der Freude des Festes, Muse, erbitt ich:
Möge auch unter der Erde mir hohe Ehre vergönnt sein,
wie sie Dichtern gebührt, die jetzt mir auf Erden
reichlich zuteil wird, wenn ich zum hellen
Klang der Harfe dein schönes Lied anstimme im Reigen!

43

]

].επαβολης̣[
]α̣νδ' ὄλοφυν [. . . .]ε̣.
] τρομέροις π.[. .]α̣λλα
]
] χρόα γῆρας ἤδη
]ν ἀμφιβάςκει
]ς πέταται διώκων
]
]τας ἀγαύας
]ε̣α, λάβοιςα
]⌊ἄειςον ἄμμι
⌊τὰν ἰόκολπον⌋]
]ρ̣ων μάλιςτα
]ας π[λ]άναται

43

(…)

Meine Füße zittern, die Knie wanken
kraftlos, schlaff ist schon meine Haut, vom Alter
ganz durchfurcht, und Eros verfolgt im Fluge
jüngere Mädchen.

Jetzt nimm du die Leier zur Hand und singe
du der Liebesgöttin ein Lied und uns von
ihr, der veilchenduftenden, daß sie gnädig
Führung gewähre

uns, die irren über die dunkle Erde.
(…)

44

ὔμμες πεδὰ Μοίcαν ἰ]ο̣κ[ό]λ̣πων’ κάλα δῶρα, παῖδ⸤ε⸥c,
cπουδάcδετε καὶ τὰ]ν̣ φιλάοιδον λιγύραν χε̣⸤λύνναν⸥·
ἔμοι δ’ ἄπαλον πρίν] π̣οτ̣’ [ἔ]ο̣ντα ⸤χρό⸥α γῆρα⸤c⸥ ἤδη
ἐπέλλαβε, λεῦκαι δ’ ἐγ]ένοντο τρίχεc ἐκ μελαίνα̣ν̣·
βάρυc δέ μ’ ὀ [θ]ῦμο̣c̣ πεπόηται, γό̣⸤να⸥ δ’ [ο]ὐ φέ̣⸤ροιcι⸥,
τὰ δή ποτα λαίψη̣ρ’ ἔον ὄρχηcθ’ ἴcα νεβρίοιcι.
τὰ <μὲν> cτεναχίcδω θαμέωc· ἀλλὰ τί κεν ποείην;
ἀγήραον ἄνθρωπον ἔοντ’ οὐ δύνατον γέν⸤εcθαι⸥.
καὶ γάρ π̣[ο]τ̣α̣ Τίθωνον ἔφαντο βροδόπαχυν̣ ⸤Αὔων⸥
ἔρωι φ.. α̣θ̣ε̣ιcαν βάμεν’ εἰc ἔcχατα γᾶc φ⸤έροιcα[ν,
ἔοντα̣ [κ]ά̣λ̣ο̣ν καὶ νέον, ἀλλ’ αὖτον ὔμωc ἔμ⸤αρψε⸥
χρόνωι π̣ό̣λ̣ι̣ο̣ν̣ γῆραc, ἔχ̣[ο]ν̣τ̣’ ἀθανάταν ἄ̣⸤κοιτιν⸥.

44

Pflegt mit Eifer der veilchenduftenden Musen schöne Geschenke,
ihr, meine Mädchen! Singt und tanzt beim hellen Klang der
liedfrohen Leier!
Mir aber hat die ehemals zarte Haut schon das Alter
fortgenommen, weiß wurde das Haar, das schwarz war.
Schwer ists mir um das Herz, die Knie tragen nicht mehr,
die einst so leicht im Tanz sich bewegten gleich jungen Rehen.
Das läßt mich oft stöhnen. Aber was kann ich denn tun?
Wenn du ein Mensch bist, ist nicht zu altern unmöglich.
Hat doch einst den Tithonos die rosenarmige Eos,
sagt man, von Liebe ergriffen, zum Rand der Erde getragen,
als er schön war und jung. Das graue Alter ereilte
dennoch auch ihn mit der Zeit – den Lagergenossen der Göttin!

45

Κατθνάσκει, Κυθέρη', ἄβρος Ἄδωνις· τί κε θεῖμεν;
καττύπτεσθε, κόραι, καὶ κατερείκεσθε χίτωνας

45

Es stirbt, Kytherea, der zarte Adonis. Was sollen wir tun?

Schlagt euch, Mädchen, die Brüste, zerreißt die Gewänder!

46

]ιμέναν νομίcδει

]αιc ὀπάcδοι

ˌἔγω δὲ φίλημμ' ἀβροcύναν,ˌ] τοῦτο καί μοι

τὸ λάˌμπρον ἔρωc ἀελίω καὶ τὸ κάˌλον λέˌλˌογχε.

–

46

Auch gestorben gilt die Sängerin nicht als verschwunden.
Anderen mag der Kronide gewähren, was sie sich wünschen.
Ich aber liebe die reizende Anmut, und wirklich
hat mir die Liebe zur Sonne den Glanz des Schönen gewonnen.

ERLÄUTERUNGEN

Zu 1 und 2

Die über alles geliebte Tochter Kleis, die Sappho nicht gegen alle Schätze des damals reichsten Landes Lydien hergeben würde (so dinghaft, so unsentimental wird das Maß der Liebe bestimmt), hat sich von ihrer Mutter aus der in Modefragen tonangebenden lydischen Hauptstadt Sardes eine Haube gewünscht. Was die jungen Mädchen von heute sich doch einbilden, unbedingt haben zu müssen! In Sapphos eigener Jugend war man viel anspruchsloser, folgte man dem mütterlichen Rat und begnügte sich, je nach Haarfarbe, mit einem Stirnband oder Blumenkränzen. «Ich selbst hab mir den Kranz geflochten, als ich jung war», heißt es in einem Fragment (125 Voigt). Da gab es in diesem Punkt keine Differenz zwischen den Generationen. Sappho spricht zunächst zu ihrer Tochter mit der Stimme ihrer eigenen Mutter, deren Namen die Enkelin trägt. Aber daß sie ihr den Wunsch abschlägt, liegt nicht nur am Festhalten an einer inzwischen ins Wanken geratenen Tradition. Sie kann ihr die teure Haube nicht kaufen, weil die Familie durch die politischen Wirren auf Lesbos arm geworden ist. Soll sich Kleis mit ihrem Wunsch doch an den Mann wenden, der an diesem Unglück schuld ist und jetzt auf der Insel die Macht ausübt. Gemeint ist Pittakos, der mit dem Geschlecht der Kleaniden paktiert hat. Das Gedicht, das im familiären Erinnerungsraum beginnt, mündet mittels dieser Schlußpointe in die unmittelbare politische Gegenwart.

Zu 3

Der Geschichtsschreiber Herodot erzählt von einer in ganz Griechenland bekannten Hetäre namens Rhodopis, die als Sklavin aus Samos nach Ägypten kam und dort von dem Handelsmann Charaxos, einem Bruder Sapphos, freigekauft wurde. In einem Lied habe die Dichterin ihm scharfzüngig den Kopf zurechtgesetzt, schreibt Herodot (II,135). Das paßt nicht zu den zwei einschlägigen Gedichten, die wir, wenn auch nur in fragmentarischem Zustand, kennen. In ihnen bittet Sappho Kypris (= Aphrodite) und die Töchter des Meeresgottes Nereus für ihren Bruder um glückliche Heimkehr. Offenbar hat Charaxos sich inzwischen von der Kurtisane, die bei Sappho Doricha heißt, getrennt und damit die Ehre der Familie und also auch seiner Schwester wiederhergestellt. Die Reise von Ägypten übers Meer nach Lesbos war gefährlich wie jede längere Seefahrt. Aus den Gedichten spricht Sapphos liebende Sorge um den auch charakterlich gefährdeten Bruder. Sie gehören zur Sorte der sogenannten Propemptika, der Gebete um eine glückliche Reise für einen anderen. Beide Stücke sind einander bis zu wörtlichen Übereinstimmungen sehr ähnlich. Wegen des schlechten Erhaltungszustandes ist außer dem Anfang des ersten (drei Strophen, 5 Voigt) nur der Liedschluß des zweiten (15 Voigt) wiedergegeben, weil Sappho hier ihrem Haß auf die Verführerin Doricha Ausdruck gibt.

Zu 4 und 5

In diesen beiden Gedichten bittet Sappho für sich selbst um glückliche Seefahrt. Im ersten wendet sie sich an Hera, der zusammen mit Zeus und Dionysos auf Lesbos ein Tempelbezirk geweiht war. Dabei bildet, wie so oft bei Sappho, die Erinnerung an ein früheres Ereignis den eigentlichen Inhalt der Strophen: Die Heimkehr der Atridenfürsten Agamemnon und Menelaos nach dem Ende des trojanischen Krieges gelang erst, nachdem sie Hera, Zeus und Dionysos (er ist mit dem «Sohn der Thyona» gemeint) um Fahrtwind angerufen hatten. Zu bedenken ist, daß zwischen Mythos und historischer Vergangenheit kein Unterschied gemacht wurde. Die Lösung einer gegenwärtigen Schwierigkeit liegt in der Erinnerung an eine vergleichbare vergangene Situation. Während hier das Gebet der Gewährung des zur Heimkehr nötigen Fahrtwindes gilt, ist es im andern Gedicht die Bitte um das Aufhören des Sturms, der das Schiff an der Weiterfahrt hindert. Man hat vermutet, daß es sich um die Rückkehr Sapphos aus der Verbannung in Sizilien nach der Heimat Lesbos handelt.

Zu 6

Was ist das Schönste? Man erwartet, Sappho werde auf diese in der Spruchdichtung beliebte Frage den unterschiedlichen Antworten einen konkreten Gegenstand ihrer persönlichen Wahl entgegenstellen. Stattdessen scheint sie eine so allgemeine Ansicht zu äußern, daß damit eher die Mannigfaltigkeit der Meinungen zu diesem Thema erklärt wird: Jeder liebt eben etwas anderes, und dieses Geliebte zeigt sich ihm im Glanz der höchsten Schönheit. Aber schon die Bestimmtheit, mit der sie sich von den drei genannten Gruppen absetzt, läßt eine solche Deutung nicht zu. Mit der Verschiedenheit der jeweils bevorzugten Dinge ist es nämlich nicht weit her. Reiterheere, Fußsoldaten, Flotten gehören in die Welt des Krieges, in der Eros nichts zu suchen hat. Sie sind außerdem typisch männliche Lustobjekte. Die erste Strophe des Gedichts enthält also ein dezidiertes Bekenntnis der Dichterin zur Liebe als der bestimmenden Macht ihres Daseins.

Auf die Meinungsäußerung folgt die Begründung. Sappho gibt sie in der Form eines mythischen Exempels: Helenas Liebe zu Paris war stärker als alles, was sie an ihren Herkunftsort band: den Ehemann Menelaos, ihr Kind und die Eltern. Der Superlativ des Schönen ist nicht nur erhebend, er ist auch grausam. Das vielfältig Schöne wird dem einen Schönen geopfert. Sappho gibt dem Mythos eine bezeichnende Wendung: Helena wird nicht von dem für ihre Schönheit entflammten Königssohn entführt, sondern ihr eigener Eros zwingt sie, ihm zu folgen. Was nicht gesagt wird, weil jeder es weiß: Ihre Liebe wird zur Ursache des zehnjährigen trojanischen Krieges und der unendlichen Leiden, die er mit sich brachte. Eros herrscht also noch über den Waffenglanz und die Furchtbarkeit des Krieges. Er ist nicht nur Glücks-, sondern auch Leidbringer. Die Ambivalenz der beseligenden Liebe, die so leicht in die Qual der Unerfülltheit umschlagen kann, hat Sappho immer wieder besungen.

Helenas Liebe erscheint im Bild des weltbewegenden Mythos. Davon hebt sich Sapphos eigener Eros zu einem Mädchen, das durch Heirat in weite Ferne verschlagen wurde, als etwas ganz Persönliches ab. Ihr genügt es, das Meer, das zwischen ihr und Anaktoria liegt, in Gedanken zu überbrücken, sich das Leuchten ihres Gesichts, die Anmut ihres Schritts in Erinnerung zu rufen. Dieses Leichte wiegt ihr schwerer als der prachtvolle Aufwand militärischer Machtdemonstration. Damit kehrt das Gedicht zum Anfang zurück. Ein schöner Schluß – aber der Papyros läßt erkennen, daß noch einige für uns verlorene Strophen folgten.

Zu 7

Anders als in den Gedichten um glückliche Fahrt gilt hier die Anrufung der Göttin ihrer Epiphanie; das ist wohl der ursprüngliche und eigentliche Sinn des griechischen Gebets. Das vorliegende Gedicht ist also Evokation, Beschwörung. Damit ist die Frage nach dem «situativen Kontext» (kein schönes Wort, aber ein brauchbarer Begriff) gegeben. Sappho versammelt sich mit ihren Mädchen an einer kultischen Stätte, deren Reize bis zu unmittelbar sinnlicher Wirkung vergegenwärtigt werden. Die Gottheit ist natürlich Aphrodite. Sie selbst soll das Haar der Mädchen bekränzen und als Mundschenk fungieren. «Dies noch ganz im Kultischen wurzelnde Lied zeigt also schon jene eigentümliche Individualisierung, die ich geradezu als das Gesetz bezeichnen möchte, nach dem Sappho zu ihren eigentlichen Schöpfungen gelangt: aufgrund von gegebenen kultischen Elementen wird etwas ausgestaltet und darüber hinaus in ganz neuer Weise individualisiert durch die unverwechselbare Form der sapphischen Aussage» (Wolfgang Schadewaldt, 1989).

Das Gedicht ist auf einer 1937 entdeckten Tonscherbe aus dem 2. Jahrhundert vor Christus überliefert. Meine Übersetzung läßt nicht erkennen, daß der schwer lesbare Text auch Lücken und Fehler aufweist, die eine umfangreiche altphilologische Kommentierung hervorgerufen haben.

Zu 8

Das Fragment bezieht sich wohl auf einen ähnlichen kultischen Anlaß wie das vorausgehende Gebet an Aphrodite. Diesmal ist es nicht die Göttin, die die Teilnehmerinnen am heiligen Fest mit Blumenkränzen schmücken soll, sondern die von den Mädchen selbst, repräsentiert durch die angesprochene Dika, zu besorgende Bekränzung erscheint als Voraussetzung für das Gelingen der Feier. Eine Unbekränzte ist hier fehl am Platz. Die Chariten, die Göttinnen der Anmut, wenden sich von ihr ab. Ihre Anwesenheit drückt den Liebreiz eines Mädchens aus, das sich für das Fest zu Ehren Aphrodites nach den Vorschriften des Kreises zurechtgemacht hat.

Zu 9, 10, 11, 12

Vier Lieder, die, alle im sapphischen Versmaß, die Schönheit einzelner Mädchen preisen; sie wurden sicher in der Gruppe im kultischen Rahmen zur Leier vorgetragen – bei festlicher, vom Geist der Harmonie und der Gegenwart der Liebesgöttin durchwirkter Gelegenheit.

9: Das «Gewand», das meist als «Jäckchen» übersetzt wird, was ich zu niedlich finde, spielt unter den angeführten Reizen der Gongyla eine hervorragende Rolle. Es wird durch ein «auta»

(= «selbst») vom Gesamtbild des Mädchens abgetrennt: Der Anblick des für sich selbst genommenen offenbar besonders kleidsamen Umhangs bringt die anderen Mädchen außer Fassung. Das «auta» wird schon im übernächsten Vers wiederholt. Jetzt bezieht es sich auf Aphrodite. Selbst die Göttin könnte an Gongylas Erscheinng nichts auszusetzen haben. Aber auch das Gegenteil wäre denkbar. Der lückenhafte Text läßt es offen.

10: Natürlich ist «dieses ganz unhomerische Naturbild» (Max Treu) ebenfalls als Preis eines besonders schönen Mädchens zu verstehen.

11: Das Bruchstück ist wegen des übertriebenen, eigentlich unmöglichen Komparativs überliefert. Wie die weiblichen (im Deutschen nicht wiederzugebenden) Endungen der Adjektive zeigen, bezieht sich der Vergleich auf ein Mädchen. Ähnliche Komparative finden sich bei Sappho öfters: «viel weißer als ein Ei», «weißer als Milch», «zarter als Wasser», «köstlicher duftend als Rosen» etc.

12: Hier wird der Mythos zum Vergleich herangezogen. Hermione ist die Tochter der sagenhaft schönen Helena. Üblicherweise wird der dritte Vers der ersten (erhaltenen) Strophe (mindestens eine Strophe ging voraus) durch eine Verneinung ergänzt: Das Mädchen (vielleicht die Braut) hat nicht etwa mit Hermione, sondern mit Helena selbst Ähnlichkeit. Mir scheint eine Steigerung passender. Eine gewisse Konkurrenz zwischen Mutter und Tochter war allerdings mit dem Auftritt der beiden Namen verbunden: Helena war schöner, Hermione aber jünger.

Zu 13, 14, 15, 16

Der Sturm, der mit seinem Atem das Meer durchwühlt, den Wald, dessen Eichen und Fichten er niederstreckt, aufstöhnen läßt, tobt schon durch eine Reihe von Versen in Hesiods «Werken und Tagen». Der Vergleich mit der elementaren, erschütternden, entwurzelnden Gewalt des Eros gehört Sappho. Die Doppelnatur des Eros als beglückende Himmelsmacht und qualvolle «negative Energie» (Bernhard Böschenstein) bildet zweihundert Jahre später in Platons «Symposion» die Bestimmung des dämonischen, zwischen Begehren und Erfüllung unablässig getriebenen Wesens der Liebe. Die Verbindung dieses Gedankens mit Sapphos Lyrik wurde schon in der Antike bemerkt. In dem Adjektiv süß-bitter kommt die für die Dichterin zentrale Paradoxie der Liebeserfahrung zu ihrem bündigsten Ausdruck. Sie führt zur Ratlosigkeit, Zerrissenheit des Liebenden.

Das Wort «süßbitter» hat, wie Horst Rüdiger in seinem Buch «Sappho. Ihr Ruf und Ruhm bei der Nachwelt» zeigt, in der europäischen Dichtung Karriere gemacht. Über Catull gelangte es in die römische Dichtung, aus der es Petrarca übernahm. In der deutschen Literatur des 17. und 18. Jahrhunderts taucht es immer wieder zur Charakterisierung von Liebeslust und Liebesleid auf.

Auf Lesbos hat es mehrere Mädchenkreise gegeben. Sapphos Liebesklage wird wiederholt verursacht durch Mädchen, die sich von ihr abwerben ließen und zu anderen Lehrerinnen überliefen. In Nr. 14 ist es Sapphos Lieblingsschülerin Atthis, in einem anderen weitgehend zerstörten Gedicht (71 Voigt), wird eine treulose Mika genannt. Melancholisch erinnert sich Sappho in Nr. 16 an den Anfang ihrer Beziehung zu Atthis.

Zu 17

In dem berühmtesten, als vollständiges Zitat überlieferten Sappho-Gedicht ist die Quelle des Liebesschmerzes nicht Treulosigkeit, sondern Ablehnung. Sie beruht wahrscheinlich auf der Unreife des geliebten Mädchens. Die Jüngere hat die Macht der angerufenen Göttin noch nicht erfahren, sie weiß noch nicht, was Liebe ist. So kann sie die Geschenke der Liebenden nicht verstehen, muß ihre Annäherungsversuche als Nachstellungen empfinden, vor denen sie flieht. Die flehentliche Bitte der Dichterin, die sich namentlich mit dem «lyrischen Ich» identifiziert, geht also dahin, daß die Liebe, von der Sappho in ihrer ganzen Person erschüttert ist, auch in der anderen erwacht.

Die Göttin wird in der ersten Zeile des Gebets beim Namen genannt, ganz in der Art, wie Götter auch bei Homer angerufen werden; es ist der Ton der Homerischen Hymnen: «Muse, sage mir an die Werke der vielgoldenen Aphrodite, der Kypris, die den Göttern süßes Verlangen erregt, wie sie auch die Völker bezwingt der sterblichen Menschen und die Vögel unter dem Himmel und alle Tiere, die auf dem Festland und im Meer in Fülle gedeihen ...» Mit knapperen Strichen zeichnet Sappho den Machtbereich der Göttin. Auf dem Olymp sitzt sie im Haus ihres Vaters Zeus auf farbigem, von Edelsteinen funkelndem Thron; im goldenen Wagen fährt sie zur Erde. Die beiden Sphären sind durch Helligkeit und Dunkel deutlich voneinander geschieden, und doch lassen die Himmlischen sich zu den Sterblichen herab. Aphrodites Wirken ist Betörung durch Leidenschaft; wen sie heimsucht, in wessen Leben sie einbricht, verfällt auf alle möglichen und unmöglichen Mittel, um ans Ziel seines Begehrens zu gelangen, was alles mit dem Epitheton «listenspinnende» gesagt ist. Sappho greift zum nächstliegenden und zugleich kühnsten Mittel: Sie ruft die Liebesgöttin selbst als Verbündete an ihre Seite.Nicht nur der homerische Held, auch sie, die Frau, hat ihren Kriegsschauplatz. Auch in der Liebe geht es um Sieg oder Niederlage, Leben oder Tod.

Sapphos Gedicht bittet um Epiphanie der Göttin. Aphrodite möge aus der Ferne ihres glänzenden Himmelssitzes auf die schwarze Erde herabkommen, sich in Gestalt der Peitho, der Macht unwiderstehlicher Überredung, dem Mädchen nähern und es mit Liebe erfüllen. Die Epiphanie verwirklicht sich wie eine durch Wolken – die Liebesnot und die Sorgenschwere der Betenden – hervorbrechende Sonne im Gedicht selbst. Das wird durch einen raffinierten Kunstgriff ermöglicht – dadurch, daß Sappho die Göttin an einen Präzedenzfall erinnert: Schon einmal hast du in einer ähnlichen Situation mein Flehen erhört, mein Wünschen erfüllt. Auf diese Weise kann die Epiphanie wie ein Mythos erzählt werden. Die erste Strophe markiert die äußerste Ferne der Göttin, Sapphos Gottverlassenheit. In der fünften Strophe wird die Ankunft Aphrodites mittels der direkten Rede, die sie an die Dichterin richtet, Ereignis: «Wen denn, willst du, soll Überredungsmacht in deine Arme führen, wer, Sappho, kränkt dich?» Aus der Rufenden ist die Angerufene, das Ich ist zum Du geworden, Subjekt und Objekt sind vertauscht, die Göttin ist gegenwärtig.

Es folgt die Verheißung einer in der erinnerten Vergangenheit liegenden Zukunft, die das genaue Gegenbild zu der durch qualvollen Mangel gezeichneten Gegenwart darstellt. Das Ganze ist ein zu vollkommener Kunstgestalt verwandelter religiöser Stoßseufzer, der an die Hilfe seitens einer Gottheit appelliert. (Vergleiche: «O Maria, hilf!») Die über alle Erwartung hinausgehende Gebetserhörung wäre für uns ein Wunder, ist es griechischer Frömmigkeit nicht. Aber das Gedicht war schon damals eines. So etwas entwickelt sich nicht allmählich über alle möglichen Vor- und Zwischenstufen; es ist auf einmal da.

Unzählige Male ist es übersetzt worden. Grillparzer hat es seinem Drama «Sappho» (1817) einverleibt. Daß in der Verheißungsstrophe gegen die Eindeutigkeit der weiblichen grammatischen Form das Mädchen sich eine Geschlechtsumwandlung gefallen lassen muß («Flieht er dich jetzt, bald wird er dir folgen ...»), ist die natürliche Wirkung der das Trauerspiel beherrschenden Handlung: der schon in der antiken Komödie erfundenen tragischen Liebe der Heldin zu dem jungen Phaon. Aber dem 18. und 19. Jahrhundert diente die Legende auch als Sapphos erotisches Alibi. Der Faltenwurf der hehren Dichterin durfte nicht durch die Anstößigkeit homoerotischer Neigungen geknickt werden. So heißt es in einer mit «Lobgesang auf die Venus» betitelten Übersetzung von 1760, die außer der geschlechtlichen Operation auch den sapphischen Elfsilbler in Trochäen transformiert: «Hat er dich noch nicht geliebet: / Auf der Stelle soll er lieben, / Und nach deinem Willen thun!» Auch Geibel beläßt es in seinem «Klassischen Liederbuch» von 1875 beim männlichen Personalpronomen: «Liebt er nicht: bald soll er für dich entbrennen, / Selbst ein Verschmähter.» Besonders originell ist das Ausweichen ins Neutrum, wodurch sich J. M. Stowasser noch 1908 in der «Meinem Weib» gewidmeten «Griechenlyrik» aus der Affäre zieht: «Was dich flieht – bald soll es nach dir jagen.»

Aber es gibt versrecktere und deshalb schlimmere Übertragungssünden. Ich selbst habe 1955 als Student in Tübingen erlebt, wie sich Wolfgang Schadewaldt beim Zitieren der Anfangszeile von Sapphos Ode in der Übersetzung von Manfred Hausmann (seine 1949 bei Suhrkamp unter dem Titel «Das Erwachen» erschienene zweisprachige Ausgabe frühgriechischer Lyrik war sehr verbreitet) buchstäblich die Haare raufte: «Aphrodite, flimmernd auf buntem Thronsitz ...» Als ob, rief er aus, in der durchsichtigen Luft Griechenlands irgendetwas je hätte flimmern können!

Zu 18

Auch dieses Lied gehört zu Sapphos berühmtesten. Der anonyme Autor der «Schrift vom Erhabenen» hat es zitiert, leider die letzte Strophe außer der ersten Zeile, deren zweite Hälfte unlesbar ist, weggelassen. Die Liebesnot hat hier nicht in Treulosigkeit oder Unerwidertheit ihren Grund, sondern – wie in vielen anderen Gedichten Sapphos – in der Trennung von dem geliebten Mädchen. Der «situative Kontext» ist eindeutig: Der Bräutigam sitzt der Braut nach deren Entschleierung gegenüber, erblickt zum ersten Mal ihre Schönheit. Vielleicht hat er sie vorher schon hundertmal gesehen, aber der Brauch fordert die Seligpreisung (den Makarismos) des Bräutigams angesichts dieser ersten offiziellen Begegnung. Er ist am Ziel seiner Wünsche angelangt (vgl. Nr. 29) und damit teilt er – wenigstens für diesen Augenblick – die Seligkeit der Götter. Indirekt handelt es sich um einen Preis der Braut; es ist ja ihre Schönheit, der er sein Glück verdankt. Der Anblick von Schönheit hat die Macht, einen sterblichen Menschen in einen Gott zu verwandeln. Da zum Wesen der Götter die Epiphanie gehört, kann man das erste Wort des Gedichts *phainetai* als Ausdruck dieser Verwandlung verstehen: Im Bräutigam erscheint der Gott. Nun ist aber neben dem Paar noch eine dritte Person anwesend: das Ich, das schon im ersten Vers das zweite Wort für sich in Anspruch nimmt. Es ist Sappho, die in diesem Moment von dem Mädchen Abschied nimmt, und eigentlich handelt das Gedicht nur von ihrem Schmerz. Dabei werden keine Gefühle genannt, sondern körperliche Symptome dargestellt. Sie beschreiben den todesähnlichen Zustand, in den die Nähe des Mädchens, das sie an den Bräutigam verliert, Sappho versetzt. Die Gegenwart der Schönheit wirkt also auf völlig verschiedene Weise: Einerseits erhebt sie den Mann zu den unsterblichen Göttern, andrerseits läßt sie die Abschiednehmende in aller Grausamkeit ihr Sterblichsein erfahren. Da es in der frühgriechischen Lyrik keine privaten Herzensergüsse gibt, muß auch dieses höchst persönliche Gedicht bei der Hochzeitsfeier vorgetragen worden sein – nicht als Liebesklage einer Verlassenen, sondern als Preislied auf das Brautpaar, vor allem auf die Braut, deren Schönheit imstande ist, zugleich ein solches Übermaß an Liebesglück und Liebesschmerz zu bereiten. Der fragmentarische Anfang der letzten Strophe läßt darauf schließen, daß dem Bild nahezu tödlicher Erschütterung ein Gedanke folgte: die Besinnung auf die Notwendigkeit, sich in das Los sterblichen Daseins zu fügen kraft der Fähigkeit zur *Tlemosyne,* die auch noch ein Äußerstes an Heimsuchung zu überstehen hilft.

Seinen Ruhm verdankt das Gedicht auch der Tatsache, daß der römische Lyriker Catull (87–54 v. Chr.) es übersetzt und unter seine Liebesgedichte aufgenommen hat (carmen 51):

Ille mi par esse deo videtur,
ille, si fas est, superare divos,
qui sedens adversus identidem te
  spectat et audit

dulce ridentem, misero quod omnis
eripit sensus mihi, nam simul te,
Lesbia, aspexi, nihil est super mi
  [vocis in ore,]

lingua sed torpet, tenuis sub artus
flamma demanat, sonitu suopte
tintinant aures, gemina teguntur
  lumina nocte.

otium, Catulle, tibi molestum est;
otio exultas nimiumque gestis.
otium et reges prius et beatas
  perdidit urbes.

«Der scheint mir gleich einem Gott zu sein, ja, wenn man so sagen darf, die Götter noch zu übertreffen, der dir gegenübersitzt und immer wieder dich ansieht und dein süßes Lachen hört, was mir Unseligem alle Sinne raubt. Denn sobald ich dich, Lesbia, erblicke, versagt mir die Stimme, die Zunge ist gelähmt, ein feines Feuer fließt mir unter der Haut an den Gliedern herab, von ihrem eigenen Tosen klingen die Ohren, das Paar meiner Augen wird von Nacht bedeckt. Nichtstun, Catull, ist dein Übel: im Nichtstun schwelgst du allzusehr. Das Nichtstun hat einst schon Könige und blühende Städte zugrunde gerichtet.»

Die tiefgreifenden Unterschiede fallen bei allen genau übernommenen somatischen Einzelheiten (einschließlich des Tinnitus) ins Auge. Es ist nicht die einmalige Situation des Gegenübers von Braut und Bräutigam, die das Ich des Dichters in einen so unseligen Zustand versetzt, nicht einmal eine Dreierkonstellation, die ihm die Rolle des Unterlegenen zumutet. Wer es vernag, den Anblick der Schönheit dieser Frau zu ertragen, wäre ein Gott. Er, Catull, vermag es nicht. Die Liebe zu Lesbia (wie er sie Sappho zu Ehren nennt), vernichtet ihn. Die letzte Strophe ist ein Aufruf an sich selbst, sein Leben zu ändern, das otium, in dem so verderbliche Liebesverhältnisse gedeihen, durch ein negotium, eine sinnvolle Tätigkeit zu ersetzen. Das hat mit der sapphischen Vorlage natürlich nicht mehr das Geringste zu tun.

Zu 19

Dieses sogenannte Arignota-Lied hat seinen Namen von der jungverheirateten Frau, die in Lydiens von Mytilene weit entfernter, durch das Meer getrennter Hauptstadt Sardes sehnsuchtsvoll an die in Sapphos Mädchenkreis verbrachte Zeit zurückdenkt, namentlich an ihre Freundin Atthis und Sappho selbst. Allerdings streiten die Philologen, ob Arignota als Eigenname oder als Attribut zu der Göttin aufzufassen ist, als die Atthis der inzwischen Ferngerückten damals erschien. Aber das ist nicht wichtig. Wichtig ist, daß in diesem Gedicht die Trennung, jetzt nicht mehr als Abschied, sondern als Zustand, den Schmerz der Liebessehnsucht hervorruft und daß zugleich das Trennende, Land und Meer, Trost spendet. Denn es ist Nacht, und der Vollmond, den die Liebenden gleichzeitig aufgehen sehen, verbindet sie. Das Gedicht, das sich so einfach gibt, enthält zwei für Sapphos Poesie charakteristische Kunstmittel. Die Sehnsucht wird nicht als subjektive Verfassung der Sprecherin dargestellt, vielmehr macht Sappho sich (und Atthis) zum Objekt der Sehnsucht der fernen Arignota. So entsteht ein in den Pronomina sich spiegelndes kunstvolles Hin und Her zwischen den Personen: Die erste Person Plural spricht im Namen der Gemeinschaft, die Arignota verlassen mußte. Mit der zweiten Person Singular wendet sich Sappho unmittelbar an die von Arignota seinerzeit abgöttisch geliebte Atthis. Die dritte Person Singular bezieht sich auf das Subjekt der Entfernten, das aber in ihrer direkt oder indirekt zu verstehenden Rede in ein (durch kein eigenes Sprachzeichen vertretenes, aber spürbar gegenwärtiges) Ich übergeht. Der zweite Kunstgriff steckt im Nebeneinander der Trennungssituation und des Nachtbildes. Wie kommt der Mond in Sapphos Gedicht? Zunächst scheint es, daß er nur dem Vergleich dient, durch den die Schönheit der fernen Geliebten und Liebenden betont werden soll: Wie der Mond die Sterne überstrahlt, so übertrifft Arignotas Schönheit die aller lydischen Frauen (vgl. Nr. 10). Aber dieser Vergleich ergibt sich ja aus dem Anblick des nächtlichen Sternenhimmels und des im Osten, wo Sardes liegt, aufgehenden Vollmondes. Die Mondnacht bringt das Gedicht hervor, in dem der Mond des Vergleichs wie von selbst zum wirklich gegenwärtigen Gestirn wird. In seinem Licht tritt die nächtliche Landschaft in Erscheinung. Das Gedicht ist übrigens mit der letzten übersetzten Zeile noch lange nicht zu Ende. Aber der allzu stark zerstörte Text läßt keine Ergänzungen zu.

Zu 20

Der Trennungsschmerz steigert sich zum Todeswunsch, erreicht also ein extremes Maß. Aber er wird ganz unpathetisch, im Ton der für Sappho charakteristischen «umwerfenden Schlichtheit» (Bernhard Böschenstein) ausgedrückt. Wieder erscheint wie ein Siegel Sapphos eigener Name, wieder als Vokativ. Wie in Nr. 19 ist der Wechsel von Subjekt und Objekt die einfachste und zugleich eindrucksvollste sprachliche Gestalt für die Gegenseitigkeit der Liebe, die Sappho und ihre Schülerinnen verbindet. Das Band ist jetzt (auf Grund der Heirat) gerissen, nur die Erinnerung kann den Riß heilen. Zunächst ist da die Vergegenwärtigung des Abschieds, des verzweifelten Weheschreis des Mädchens, der ein Echo von Sapphos eigener Empfindung ist. (Deswegen ist die alte Streitfrage, ob der Todeswunsch Sapphos eigener ist oder der ehemaligen Schülerin in den Mund gelegt wird, irrelevant.) Trotz aller Bitterkeit des Verlusts stimmt die Dichterin in die Klage nicht ein, sondern tröstet die Fortgehende durch die Beschwörung der Schönheit des früheren Zusammenseins. «Das Glück», sagt Paul Valéry, «ist die grausamste Waffe in den Händen der Zeit.» Auch in diesem Gedicht ergibt sich das Maß des Schmerzes aus dem Maß des vergangenen Liebesglücks. Aber zugleich wird das Verlorene ins Gedicht als unverlierbare Gegenwart gerettet. Wir können annehmen, daß der fehlende Schluß zum Jetzt des Anfangs zurückgekehrt ist, und der Trost, den Sappho einst der anderen gespendet hat, ihren aktuellen Wundschmerz lindert. Aber entscheidend ist nicht der Gedanke an die heilende Kraft der Erinnerung, sondern die Möglichkeit, das höchste Glück und den tiefsten Schmerz im Gedicht Form werden zu lassen.

Zu 21, 22

21: Die volksliedhafte Vier-Zeilen-Strophe gibt, so einfach sie zu sein scheint, mehrere Probleme auf. Vor allem hat man ihr immer wieder Sapphos Autorschaft mit gewichtigen philologischen Argumenten abgesprochen. Kein Zweifel besteht, daß es sich um ein vollständiges Lied handelt; so kurze Lieder sind von Sappho freilich sonst nicht bekannt. Das kleine, anonym überlieferte, erst in der Lyriker-Ausgabe des Henricus Stephanus 1560 Sappho zugewiesene Gebilde ist aber kunstvoller, als es sich gibt, zu kunstvoll, um das sprechende, durch die Endung des Adjektivs mona (allein) eindeutig als weiblich bezeichnete Ich mit einer unbekannten Dichterin zu identifizieren. Keine Übersetzung kann die jedem Griechisch-Schüler schon in den ersten Stunden geläufige *men-de*-Konstruktion nachahmen, die der Zusammenstellung von zwei gegensätzlichen Sachverhalten dient, und zwar so, daß sie einander die Waage halten. Nun werden aber hier dem Einerseits drei Zeilen zugeteilt, während auf die Ich-Aussage nur eine Zeile entfällt. Das formale Ungleichgewicht und die durch die Formel sozusagen garantierte Balance bilden einen spannungsvollen Kontrast. Das gilt auch inhaltlich. Denn dem Ich, das sich damit abfinden muß, allein zu schlafen, steht eine ganze Welt gegenüber: die sich im Untergang des Mondes und des Siebengestirns der Plejaden, in der Präsenz der Mitternacht und im Vergehen der Stunde sichtbar werdende Zeit und der mit ihr zugleich vor Augen gestellte, sie umwölbende Raum des unermeßlichen Himmels. Das erst in der letzten Zeile auftretende Ich wird aber von dieser Übermacht nicht erdrückt, es hält ihr stand – kraft der Größe seines Liebesverlangens, der Tiefe seiner enttäuschten

Sehnsucht. Das Wunder des Gedichts besteht darin, daß es mit vier kleinen, ganz gewöhnlichen Wörtern auskommt, die das Gewicht der Welt tragen.

Kein Wunder, daß es unzählige Male übersetzt worden ist. Aber fast immer scheitert die Übersetzung an der Einfachheit des Originals. Von keinem Gefühl ist die Rede, keine Klage wird laut. In den deutschen Texten von Herder bis Geibel klingt es von «weh» und «ach». Eine besondere Schwierigkeit bietet die dritte Zeile mit ihrer Zeitangabe. Die Philologen versichern, daß *ora* zu Sapphos Zeit nicht «Stunde» heißen kann. Also übersetzt Wolfgang Schadewaldt: «Die Wache geht vorüber». Sappho hört den seine Mitternachtsrunde absolvierenden Nachtwächter. Der Vorteil ist, daß hier das Verbum «vorbeigehen» ein sinnliches Ereignis anzeigt. Aber wir haben ja im Deutschen das konkrete Gehen auch im Begriff des Vergehens und der Vergangenheit. Ob der Schritt einer Wache gehört oder nicht gehört wird – die Zeit des Wartens auf das Kommen des ersehnten Menschen ist vorbei, das Ich weiß in diesem Augenblick, daß es umsonst gewartet hat. Man darf nur nicht, wie Max Treu es tut, ora mit «Zeit des Wartens» übersetzen, weil damit das Ich schon in die dritte Zeile wandert.

Schließlich das «Schlafen». So steht es da. Wenn die Dichterin auf ein geliebtes Mädchen gewartet hat, um nicht allein schlafen zu müssen, haben folglich im Fall der erfüllten Liebe Lehrerin und Schülerin miteinander geschlafen. Das darf doch nicht sein! Also übersetzen auch noch zeitgenössische Nachdichter das «Schlafen» mit «Liegen»: «Ich liege allein im Dunkel» (Hausmann); «Ich aber, ich liege einsam» (Staiger); «doch ich lieg allein danieder» (Schickel).

Vom Glück der Erfüllung kündet das Fragment 48 Voigt:

«Du kamst, du hast es vermocht. Ich harrte dein. / Nun kühltest du mein von Sehnsucht brennendes Herz.»

22: Der als Zitat überlieferte Ausspruch hat Bekenntnischarakter und kann als ein über Sapphos Leben und Werk stehendes Motto gelesen werden.

Zu 23, 24

Zu den wichtigsten Aufgaben der Leiterin eines Instituts, das Mädchen aus vornehmen Familien auf die Ehe vorbereiten sollte, gehörte die Gestaltung der an bestimmte konventionelle Vorgaben gebundenen Zeremonie der Hochzeit. Über die einzelnen Programmpunkte unterrichten die Erläuterungen zu den erhaltenen Gedichten, die als Chor- oder Einzellieder, auch als Wechselgesang aufgeführt wurden. Zum Wort kam in jedem Fall die Musik. Zweifellos hat Sapphos dichterisches Genie dem traditionellen «Libretto» immer wieder einen ganz eigenen, bis dahin noch nie gehörten Ton gegeben.

Die Beschwörung des mythischen Ereignisses der Hochzeit von Hektor und Andromache, die wir aus der «Ilias» als Eltern des kleinen Astyanax kennen, diente (wie die in Nr. 24 wegen des fragmentarischen Überlieferungszustands nicht identifizierbare Götterhochzeit) der festlichen Verklärung der aktuellen Situation. Zur mythischen Erzählung passen die Homer-Reminiszenzen und der daktylische Rhythmus. Sapphos Autorschaft ist freilich in der altphilologischen Fachliteratur nicht unumstritten.

Zu 25, 26, 27

Der Bräutigam naht, der Mann der Männer, der größte, schönste, ein Riese, ein Gott, kraftstrotzend wie Ares. Die Tür zum Brautgemach ist viel zu klein für ihn; das Haus muß abgerissen, neu gebaut werden. Der Chor der Freundinnen der Braut singt, wie die Gemeinde beim christlichen Adventsgottesdienst noch heute singt: «Macht hoch die Tür, die Tor' macht weit...» Vielleicht ist es wirklich ein besonders hochgewachsener Kerl, der Einlaß begehrt, vielleicht aber auch ein besonders kleiner. In jedem Fall gehört die Übertreibung zum Genre; sie gibt dem Lied seinen scherzhaften oder verspottenden Charakter. Aber der Hochzeitsgott Hymenaios, der refrainartig angerufen wird, macht es zu einem Bestandteil des «Trionfo di Afrodite», wie Carl Orff seinen Zyklus aus Gedichten des Catull und der Sappho genannt hat.

Im nächsten Gedicht ist der Bräutigam offenbar nun doch durch die normal große Tür zu seinem Mädchen in die Hochzeitskammer gelangt. Die Freundinnen wollen die Braut vor seiner Zudringlichkeit schützen, aber ein Türwächter verwehrt ihnen den Eintritt. Auch er erscheint im Licht maßloser Übertreibung.

Aus dem Hochzeitsgemach ist die Stimme des Mädchens zu hören: ein Zwiegesang der Braut mit ihrer personifizierten Jungfräulichkeit, die sie verläßt.

Zu 28, 29, 30

Im Rahmen der musikalisch-szenischen, das reale Geschehen vorwegnehmenden Hochzeitsfeier begegnen sich Braut und Bräutigam im Wechselgesang. Die Freundinnen der Braut begleiten die ganze Hochzeitsnacht, die für das Paar nicht lange genug dauern kann, mit ihren Liedern. Am Morgen fordern sie den Bräutigam auf, endlich das Brautgemach zu verlassen und zu seinen Freunden zurückzukehren, damit sie wenigstens noch kurz schlafen können. Sie teilen das Schicksal der Schlaflosigkeit mit den Nachtigallen. Der schlechte Überlieferungszustand des Fragments gibt Probleme auf. Das griechische Wort, mit dem die Mädchen den Schläfer anreden, scheint einen unverheirateten jungen Mann zu bezeichnen. Geht hier die Nacht der Vereinigung der Hochzeitsfeier am folgenden Tag voraus, an der die Mädchen nach kurzem Schlaf ja wieder teilnehmen werden? Die für unser Empfinden etwas ungewöhnliche Wendung, mit der sie den Schlaf «erblicken» wollen, ist dem Textbefund nach einwandfrei gesichert.

Zu 31, 32, 33

Die drei kleinen Lieder, die von erwachender Liebe, der Trennung der Braut von der Mutter und einer verspäteten Heirat künden, sind gleichwohl große Lyrik. Sie zeigen Sapphos unnachahmliche Handschrift. Sicher wurden auch sie bei der Hochzeitsfeier vorgetragen – vielleicht von der Dichterin selbst. Die überraschende Schluß-Pointe des Gedichts an den Abendstern kommt ohne auf Effekt bedachte Mittel aus. Berühmt ist das Bild des für die Hände der Pflücker unerreichbaren Äpfelchens, das bei der Ernte am Baum übrigblieb.

Zu 34

Ein 1952 zum ersten Mal veröffentlichter Neufund. Wirklich gesichert ist Sapphos Verfasserschaft nicht. Aber da mythische Erinnerungen in den Hochzeitsliedern eine Rolle spielen, kann man sich gut vorstellen, daß der fragmentarisch überlieferte Text anläßlich der Heirat eines Mädchens gesungen wurde, das sich lange gegen den Verlust seiner Jungfräulichkeit gesträubt hat. Der Sachverhalt ist wohl kein anderer als der, der dem kleinen Gedicht vom den Pflückern entgangenen Apfel zugrunde liegt. Aber die Weise seiner Darstellung könnte nicht unterschiedlicher sein.

Zu 35

Sappho soll diese Worte an ihre Tochter gerichtet haben. Wahrscheinlich bezogen sie sich auf einen bestimmten Todesfall, klingen aber zugleich nach einer für die von ihr repräsentierte Welt gültigen Maxime. Wo das Zusammenleben dem Dienst an den Musen geweiht ist, soll dem Tod keine Herrschaft über die Gedanken eingeräumt werden. Bachofen deutet diese Verwerfung der Totenklage als Beleg für den Einfluß der Orpheusreligion auf Sapphos Lyrik: Für den Orpheusgläubigen bedeutet der Tod nichts Negatives.

Zu 36

Die Übersetzung ist der Versuch, aus dem arg verstümmelten Original ein Ganzes zu machen. Das ist in jedem Fall ein gewagtes Unternehmen, aber die teilweise abenteuerlichen Ergänzungsversuche der Philologen rechtfertigen die vorliegende vorsichtige «Lösung». Soviel scheint aus dem griechischen Textbestand hervorzugehen: Der sonst so willkommene Schlaf hat Sappho in der vergangenen Nacht ein böses Traumgesicht beschert: Die Dichterin erblickt ihr von Alter und Todesnähe gezeichnetes Spiegelbild. Sie reagiert mit einem Gebet: Zwar respektiert sie die tiefe Kluft, die Götter und Menschen voneinander trennt, wünscht sich also keine Teilhabe an der göttlichen Unsterblichkeit, möchte aber das glückliche Leben im Kreis ihrer Mädchen mit den gewohnten Beschäftigungen noch ein paar Jahre fortsetzen dürfen.

Zu 37

Nicht die Liebesgöttin, sondern der Totengeleiter Hermes erscheint der altgewordenen Dichterin: Sie vernimmt nicht die Verheißung einer Liebeserfüllung, sondern die Ankündigung ihres nahen Todes. Auch wenn in der verstümmelten ersten Strophe Gongyla (vgl. Nr. 9) angesprochen ist, scheint der Todeswunsch hier nicht dem Schmerz der Trennung von einem geliebten Mädchen zu entspringen, sondern einer tiefen Lebensmüdigkeit. Man denkt an Hölderlins Vers: «April und Mai und Junius sind ferne, / Ich bin nichts mehr, ich lebe nicht mehr gerne!» Keine Hoffnung auf eine Fortdauer ihrer dichterischen

Existenz, ob im Diesseits oder sogar im Jenseits, gesellt sich der Sehnsucht nach Vergessen und Auslöschung. Aber im Licht dieser Sehnsucht wird der Fluß, der den Übergang aus dem Reich der Lebenden in das der Toten markiert, zum Inbild einer freundlichen morgendlichen Landschaft.

Zu 38

«Die Beziehung auf Achill scheint mir die wahrscheinlichste» (Max Treu). Die Strophe im sapphischen Versmaß ist unvollständig überliefert. Immerhin läßt sich erkennen, daß der Tod ähnlich wie in dem vorausgehenden Gedicht als willkommenes Ende eines von großen Taten, Mühen und Leiden erfüllten und belasteten Lebens begrüßt wird. Selbst ein Achill findet schließlich Ruhe. Ob Sappho den größten Helden der «Ilias» als eine Art männliche Gegenfigur zu ihrer eigenen ganz andersartigen Lebensrolle aufgefaßt hat, muß dahingestellt bleiben.

Zu 39, 40, 41, 42

Eine Gruppe von Gedichten, die der Anfechtung durch Alter und Tod mit dem Glauben an die Unsterblichkeit der eigenen Künstlerschaft begegnen.

Die wörtliche Übersetzung des vorhandenen griechischen Textes Nr. 39 lautet: «Sappho, dich liebe ich / in Kypros Königin / und dir ein großes Geschenk / so vielen die strahlende Sonne / allseits Ruhm / auch dich in des Acheron ...» In den vorausgehenden Versen ist der Name Andromeda zu entziffern, die wir als Leiterin eines anderen Mädchenkreises und damit als Sapphos Rivalin (vgl. Nr. 14) kennen. Nur daß, aber nicht wie das Gedicht weiterging, verrät der Papyrus.

Das viel besser, da als Zitat überlieferte Gedicht Nr. 40 ist an eine Frau adressiert, die keinen Anteil an den «Rosen aus Pierien» hat, also keine Lieder dichtet und deswegen auch nach ihrem Tod vergessen sein wird; vielleicht ist jene Andromeda gemeint. Sappho dagegen ist von den Musen mit dichterischem Können begabt (Nr. 41); sie wird weiterleben in ihrem Werk. Der Ruhm ihres Namens wird den Tod überdauern. Diese Gewißheit empfängt sie in Nr. 39 als Verheißung Aphrodites. Wieder wird die angerufene Göttin zur Sprecherin und erscheint Sappho als Vokativ. Das Unsterblichkeitsversprechen ist nicht nur zeitlich, sondern auch räumlich unbegrenzt: Immer und überall wird ihre Kunst geehrt sein. Die letzte Zeile «Auch dich in des Acheron (Reich) ...» könnte sogar darauf verweisen, daß Sappho auch noch in der Unterwelt ihren Dichterberuf ausüben wird. Dann wäre Aphrodites Rede Zusage der Erfüllung des Wunsches, der in dem neu gefundenen Stück Nr. 42 als Bitte an die Muse formuliert ist. Zur Charakterisierung des sogenannten Kölner Papyrus, der nach 2002 die Wiedergewinnung von zwei Sappho-Gedichten ermöglichte, vergleiche den Kommentar zu Nr. 44. In Nr. 42 haben wir das Ende eines Gedichts vor uns, das mit dem einleitenden *nyn* («jetzt») zur Gegenwart der festlichen Gelegenheit, bei der das Lied aufgeführt wurde, zurückkehrt. Ob die Gewißheit ihres hohen dichterischen Rangs Sappho wirklich auf eine Fortsetzung ihrer diesseitigen Ehrenstellung und Tätigkeit im Jenseits hoffen läßt, hängt davon ab, ob man sich zu ihrer Zeit die Existenz der Toten im Hades körperlicher vorgestellt hat, als es bei Homer der Fall ist. Wenn sie nur Schatten sind, bedeutet ein erster Platz in der Unterwelt wenig. Dann müßte man die «Ehre auch unter der Erde» auf den Ruhm beziehen, der ihr nach dem Tod in demselben Maß wie zu ihren Lebzeiten zuteil werden möge.

Zu 43

Wieder ist der Text höchst fragmentarisch überliefert: Zwei wahrscheinlich in sapphischem Versmaß gehaltene Strophen lassen sich vage erkennen. Anfang und Fortsetzung fehlen. Unmittelbarer als im Traum ist Sappho hier der grausamen Wirklichkeit des Altseins konfrontiert. Sie klagt nicht, zählt nur die unübersehbaren körperlichen Zeichen auf, die sich in der Feststellung bündeln, daß Eros das Alter flieht. Dann folgt die Aufforderung an eine Jüngere, ihre Rolle als Dienerin der Aphrodite zu übernehmen: Sappho dankt ab, übergibt ihr «Amt» an eine Nachfolgerin. Zugleich wird deutlich, daß die Liebesgöttin unabhängig von dem sich abwendenden Eros nach wie vor die Welt der Dichterin regiert.

Zu 44

Wolfgang Schadewaldt spricht vom «Hauptaltersgedicht»; er kannte es nur in der fragmentarischen Überlieferung von 1922. Seit der Erstausgabe von 2004 besitzen wir «dank der bewahrenden Kraft des ägyptischen Sandes» (Schadewaldt) den vollständigen Text, dessen Entzifferung freilich nicht in allen Einzelheiten gesichert ist. Während der das Fragment enthaltende

Papyrus aus dem zweiten nachchristlichen Jahrhundert stammt, ist der Neufund fast fünfhundert Jahre älter. Er gehört ins frühe dritte Jahrhundet vor Chr. und ist damit der älteste bekannte Papyrus zu Sappho, den wir haben. Der Vergleich ergibt zwei Probleme für den Anfang und für den Schluß des Gedichts. Der Anfang war in dem früheren Fund so stark zerstört, daß ein deutlicher Sinn erst ab Vers 3 erkennbar war. Dieser schien ohne weiteres verständlich. Sappho zählt körperliche Symptome des Altgewordenseins auf, die sie im Gegensatz zu früher an der Teilnahme der festlichen Tänze im Kreis der von ihr geführten Mädchen hindern. Diese Beobachtungen münden in einen Ausdruck der Klage und in die Frage, was gegen diesen traurigen Vorgang zu tun sei. Die Antwort erfolgt in Form einer sogenannten Gnome: Das Schicksal des Alterns ist untrennbar mit der menschlichen Existenz verbunden; jeder Versuch, sich dieser Gesetzmäßigkeit zu entziehen, muß scheitern. Ein mythisches Exempel unterstreicht die Wahrheit dieser Erkenntnis. Zeus erfüllte den Wunsch der Eos, der Göttin der Morgenröte, ihren Geliebten, den trojanischen Königssohn Tithonos, unsterblich zu machen. Doch sie hatte vergessen, auch um seine ewige Jugend zu bitten. So wird er an ihrer Seite zum kraftlosen Greis, von dem schließlich nur die Stimme übrigbleibt. Sappho will also nicht dadurch, daß sie ihr Alter ignoriert, das Los des Tithonos teilen. Den Schluß bildeten die vier Verse, die in unserer Ausgabe als Nr. 46 wiedergegeben sind. Alter und Tod sind für die Sängerin nichts, das sie fliehen müßte; ihre Liebe zum Schönen lebt alterslos und für immer in ihren Liedern weiter. Der Neufund überliefert den Text ohne diesen Schluß, er endet also mit dem Tithonos-Mythos. Eine Erklärung lautet, daß die Verschiedenheit der Schlüsse auf unterschiedlichen Gelegenheiten der Aufführung beruht.- Das andere Problem liefern die beiden Anfangsverse: die Aufforderung an die Mädchen zu Gesang und Tanz, die im Widerspruch zur Schwermut der folgenden ausführlichen Altersklage zu stehen scheint. Wieder liegt die Lösung wohl in der Tatsache der Aufführungspraxis. Auch dieses Gedicht soll an dem festlichen Musendienst der Mädchen mitwirken; in der Aufführung ihrer Lieder bleibt Sappho von Alter und Sterblichkeit unberührt.

Zu 45

Der kleinasiatische Königssohn Adonis war so schön, daß sich Aphrodite in ihn verliebte – eine der vielen mythischen Liebesgeschichten zwischen Göttern und Menschen, zu denen ja auch der Tithonos-Mythos in Nr. 44 gehört. Sie enden meist tragisch. Der eifersüchtige Ares läßt Adonis durch einen Eber töten. Zeus erfüllt die Bitte der verzweifelten Aphrodite: Wenigstens für einen Teil des Jahres darf Adonis auf die Oberwelt zurückkehren. Also verkörpert der Jüngling das jahreszeitliche Stirb und Werde der Vegetation. In seinem nur von Frauen begangenen Kult wird die Wiederkehr seiner tödlichen Verwundung jedes Jahr betrauert. Der aus dem Orient stammende Ritus fand seine erste griechische Aneignung auf Lesbos im Kreis um Sappho. Der Widerspruch der ekstatischen Totenklage zu der in Nr. 35 zugunsten des festlichen Musendienstes ausgesprochenen Verbannung von Trauerzeremonien läßt sich auflösen, wenn man in Adonis den mythischen Garanten für die Verbindung von Tod und Auferstehung begreift.

Zu 46

Die vier Verse bilden den Schluß des 1922 bekannt gewordenen fragmentarisch überlieferten Altersgedichts, das durch den jüngsten Kölner Papyrusfund (vgl. Nr. 44) in vollständiger Gestalt vorliegt – allerdings ohne diese vier Verse. Versteht man sie trotzdem als Fortsetzung des Altersgedichts, läßt sie also auf den dort angeführten Tithonos-Mythos folgen, ergibt sich eine Antwort auf die angesichts der unabweisbaren Alterserscheinungen in Vers 7 formulierte Frage: «Aber was kann ich denn tun?» Nichts, was über das Los des sterblichen Daseins hinausginge. Sappho wird festhalten am Motto ihres Lebens und ihrer Kunst: der Liebe zur Sonne und zur Schönheit, in der sie den Abglanz der himmlischen Lichtquelle sieht. Dann darf sie darauf hoffen, daß der demnächst bevorstehendeTod keinen Sonnenuntergang bedeutet.

NACHWORT

Auf der Insel Paros fand man im Jahr 1627 die Bruchstücke einer Marmortafel aus dem frühen dritten vorchristlichen Jahrhundert, die Angaben zur griechischen Geschichte enthielt. Wir erfahren, daß Sappho zwischen 603 und 595 in Sizilien lebte; sie hatte aus ihrem Herkunftsland Lesbos emigrieren müssen. Innenpolitische Kämpfe zwischen Volk und Adel, die wir deutlicher als Hintergrund der Gedichte ihres ebenfalls in Lesbos beheimateten Zeitgenossen Alkaios fassen und in denen der auch als einer der Sieben Weisen bekannte Pittakos eine wichtige Rolle spielte, hatten zu der Verbannung geführt. Nach der Rückkehr ließ sich die in Eresos, einer Siedlung im Südwestteil der Insel Lesbos, geborene Sappho in der Hauptstadt Mytilene nieder. Die verwitwete und verarmte Adlige gründete eine Erziehungsgemeinschaft, in der sie vornehme junge Mädchen auf die Ehe vorbereitete. Aus der Datierung ihres Exils kann man auf ihr Geburtsjahr schließen; es wird ungefähr auf 630 angesetzt. Die Namen ihres Vaters (Skamandros oder Skamandronymos), ihrer Brüder (Larichos, Eurygios, Charaxos) und ihrer Tochter Kleis sind überliefert. Kleis kommt in ihren Gedichten namentlich vor.

Das Glück des Horaz war Sappho nicht beschieden. Der römische Dichter, postum als Mensch verfemt wegen seiner angeblichen sexuellen Zügellosigkeit, seiner Feigheit und seiner Gottlosigkeit, fand in Lessing einen allen Anklägern unwidersprechlich überlegenen Verteidiger. Als er 1754 seine «Rettungen des Horaz» veröffentlichte, hatte die traurige Geschichte der Sappho-Legende einen neuen Tiefpunkt erreicht. In Bayles «Dictionnaire historique et critique» von 1695, dessen deutsche Übersetzung durch Gottsched 1744 erschien, figuriert die frühgriechische Lyrikerin als moralisches Ungeheuer.

Die Dichterin war allerdings unanfechtbar: Sie war in den Kanon der neun lyrischen Klassiker (Alkman, Stesichoros, Alkaios, Anakreon, Ibykos, Simonides, Pindar, Bakchylides) aufgenommen worden. Ihr großer Landsmann Alkaios hatte sie schon zu ihren Lebzeiten als «veilchenlockig», «rein» und «honiglächelnd» angesprochen, Platon sie zur zehnten Muse ernannt. Die Alexandriner widmeten ihr eine Ausgabe in neun Büchern. Auch nach deren Verlust genoß die Künstlerin eine dauerhaft hohe Wertschätzung – trotz des erbärmlichen Erhaltungszustands, in dem ihr Werk auf uns gekommen ist. Man hat ausgerechnet, daß von ihren Schöpfungen höchstens sieben Prozent überliefert sind, und dieser Rest besteht, von zwei Ausnahmen abgesehen, aus (zum Teil winzigen) Fragmenten.

Je weniger Zweifel an der Bedeutung ihrer Gedichte erlaubt waren, um so üppiger schoß der verleumderische Klatsch über ihre sittliche Verderbtheit ins Kraut. Ihre Familienverhältnisse, die unglückliche, in Selbstmord mündende Liebe der alternden Erotomanin zu dem jungen Fährmann Phaon, Liebesbeziehungen zu bekannten anderen Lyrikern, der sexuelle Mißbrauch, wie man es heute nennen würde, den die Erzieherin mit den ihr anvertrauten Mädchen trieb, boten unerschöpflichen Stoff für eine Literatur, die der Sensationslust, der sexuellen Neugier, dem moralischen Entrüstungsbedürfnis eines breiten Lesepublikums diente.

Zwar hatte es auch im Fall Sappho «Rettungen» gegeben. Sie liefen aber, wie in der Sappho-Ausgabe von Anne Dacier (1682) und erst recht in der allerdings eine Zäsur im Nachleben der Dichterin bezeichnenden Schrift des Altphilologen Friedrich Gottlieb Welcker («Sappho von einem herrschenden Vorurtheil befreyt», 1819) auf neue Mißverständnisse hinaus. Hier wurde eine Sappho vorgestellt, die viel zu edel, viel zu erhaben war, um im Verhältnis zu den Freundinnen sinnlicher Empfindungen, körperlicher Wünsche oder gar deren Erfüllung fähig zu sein. Die Sappho der Dacier, das Vorbild der Anna Luise Karschin (1722–1791), die sich als «deutsche Sappho» feiern ließ, die Heldin der 1818 uraufgeführten «Sappho» Grillparzers entsprachen mehr dem Wunschbild ihrer «Retter» als der «wahren Gestalt», wie sie Lessing im Hinblick auf seinen Horaz zeigen wollte und zeigte. Noch der Großmeister der altphilologischen Zunft, Ulrich von Wilamowitz-Moellendorff, präsentiert in seinem Buch «Sappho und Simonides» von 1913 eine weitgehend entsinnlichte Dichterin und Frau. «Diese erste groß angelegte wissenschaftliche Deutung Sapphos nach Welcker setzt den Weg der Verbürgerlichung, Mäßigung, Entleiblichung Sapphos fort» (Horst Rüdiger). Die Verharmlosung des die Maße des protestantisch-preußischen Menschenbildes sprengenden Phänomens war der Preis für die von Wilamowitz endlich geleistete weitgehende Erledigung der Sappho-Legende. Den Schlußstrich zog ein apodiktischer Satz. Er lautete: «daß sie Dichterin ward, war ihr leukadischer Sprung».

Von einem Felsen auf der Insel Leukas hatte sich die von ihrem Phaon Verlassene ins Meer gestürzt – so die Erfindung der attischen Komödienschreiber im vierten und dritten Jahrhundert vor Christus, die dann vor allem durch Ovids 15. Brief seiner «Heroides» verbreitet wurde. In Sapphos überlieferten Gedichten findet sich kein einziger Anhaltspunkt für diese Liebestragödie. Andrerseits enthalten sie zahlreiche Belege für die Seligkeit und Qual ihrer leidenschaftlichen Zuneigung zu Mädchen des von ihr geleiteten Kreises. Es ist bemerkenswert, daß die griechische Antike den Namen der Insel Lesbos nie in

Zusammenhang mit weiblicher Homosexualität brachte. Das erleichterte ihren späteren Verteidigern, den homoerotischen Charakter zahlreicher Lieder in «platonische» Liebe umzufälschen. Es war aber genau umgekehrt: Die antike Mit- und Nachwelt fand nichts Auffälliges, gar Verwerfliches an den körperlichen Komponenten der «lesbischen» Liebe. Es scheint sogar, daß homosexuelle Praktiken zum Erziehungsprogramm gehörten. «Die Erziehung zur bellezza wird in der Gruppe der jungen Mädchen über voreheliche homosexuelle Kontakte verstärkt. Das Schwärmen der Mädchen sowohl untereinander als auch zwischen der idealen Leiterin und Chorführerin Sappho und einzelnen Mitgliedern ist Auslöser einer umfangreichen ästhetischen Bildung.[...] Die adeligen Mädchen werden so für die Ehe vorbereitet, für die sie innere und äußere Schönheit benötigen. In der Wiedererinnerung an die gemeinsamen Erfahrungen wird die bellezza selbst nach dem Ausscheiden aus dem Kreis immer neu reaktiviert.» So der Basler Gräzist Anton Bierl in einer elektronischen Veröffentlichung: «Der neue Sappho-Papyrus aus Köln und Sapphos Erneuerung: Virtuelle Choralität, Eros, Tod, Orpheus und Musik», 2008.

Über die Eigenart der Erziehungsgemeinschaft wissen wir kaum mehr als das, was wir aus den Bruchstücken erschließen können. Es muß in Lesbos mehrere solche Einrichtungen gegeben haben; Sappho hatte Rivalinnen. Zu den Aufgaben der Leiterin gehörte die Ausbildung junger Mädchen im Hinblick auf ihre Rolle als Ehefrau; sie hatte also initiatorischen Charakter. Die griechische Antike kannte kein staatlich organisiertes Schulwesen. Auch die Ausrichtung der nach einem reichhaltigen Zeremoniell ablaufenden Hochzeitsfeier war Sache der jeweiligen Erzieherin. Sie mußte ihr Handwerk beherrschen: die Aufführrung von Tänzen, Chor- und Einzelliedern, auch Wechselgesängen. Die alexandrinische Ausgabe brachte Sapphos Hochzeitslieder im letzten Buch, sozusagen als Anhang. Sie heißen Epithalamien, weil ein Typus, der dann den Namen für das Ganze abgab, darin bestand, daß während der Hochzeitsnacht vor der Tür des «Thalamos», der Hochzeitskammer, gesungen wurde. Bei diesen Epithalamien war Sappho an die Vorgaben des Brauches enger gebunden als bei ihren anderen Liedern, aber gerade der schmalere Spielraum bot die Möglichkeit, der eigenen Erfindungskunst besonders feine Nuancen abzugewinnen. Über die erhaltenen Fragmente hinaus gewähren die Verse des römischen Dichters Catull (84–54 v. Chr.), die bei Sappho in die Schule gingen, einen guten Einblick in diesen Teil des Werks der Dichterin. Es ist ja schon keineswegs selbstverständlich, daß die für ganz bestimmte Gelegenheiten hergestellten Gebrauchstexte überhaupt schriftlich überliefert wurden – ein Zeichen für die Anerkennung ihres außerordentlichen Ranges. Möglicherweise ist sogar eines der gerade wegen seiner radikalen Subjektivität berühmtesten Gedichte Sapphos, die von Catull übersetzte Ode (Nr. 18), in der der Anblick des glücklichen Brautpaars das lyrische Ich in einen Zustand qualvoller Liebesleidenschaft versetzt, als Lobpreis auf das Glück des Bräutigams und die Schönheit der Braut zu verstehen und somit unter die Hochzeitslieder zu zählen.

Gesang und Tanz waren sicherlich ein fester Bestandteil des Erziehungsprogramms der Mädchenkreise auf Lesbos. Aber der von Sappho geleitete scheint sich durch besonders hingebungsvollen Musendienst ausgezeichnet zu haben. Die «Hetairie» oder der «Thiasos», wie eine solche Vereinigung genannt wurde, war mehr als eine zweckgerichtete Ausbildungsstätte.

Sie war eine Kultgemeinschaft. Das Fest zu Ehren einer Gottheit, bei Sappho vor allem der Aphrodite, das im Freien am geweihten Ort stattfand, stand im Zentrum des Zusammenlebens. Erst die Gegenwart der Göttin gab der Feier und damit der feiernden Gemeinschaft ihren Sinn.

Wodurch aber wurde die Göttin zur Teilnahme bewogen? Durch Lyrik. Der Begriff ist allerdings erst spät, im dritten vorchristlichen Jahrhundert, von den alexandrinischen Gelehrten geprägt worden – für die oben genannten neun kanonischen Dichter, die Verfasser von Gedichten, die als Chor- oder als Einzellieder vorgetragen wurden. Zum Vortrag gehörte unbedingt die Musik, die Begleitung einer Lyra. Da die Töne verstummt, etwaige Notationen verloren sind, wissen wir nicht, wie Sapphos Verse sich angehört haben, wenn sie im Kreis der Mädchen erklungen sind. Allerdings ist nicht anzunehmen, daß die musikalische Komponente der sprachlichen ebenbürtig war – zumindest nicht bei den lyrischen Gipfelleistungen der archaischen Periode. Dazu sind die Texte zu kunstvoll. Zählt man allerdings die metrische und strophische Gestaltung, die viel mit dem ebenfalls zum Vortrag gehörenden Tanz zu tun hat, zur Musik, verschiebt sich das Verhältnis der beiden Anteile zur Gleichwertigkeit.

Alle griechischen Gedichte unterliegen der Herrschaft bestimmter Metren, von denen es eine große Fülle gibt. Es sind Vorschriften, in welcher Weise der Tanzschritt sich zu bewegen hat. Viele, aber keineswegs alle, Gedichte Sapphos sind nach dem Bauplan der nach ihr benannten Strophe gefügt: Eine nach langen und kurzen Silben genau geregelte Zeile, die elf Silben umfaßt, wird dreimal wiederholt; am Schluß steht eine Zeile mit nur fünf Silben, ein sogenannter Adoneus. Je zweimal wechseln am Anfang und Ende des Elfsilblers (in der 1. bis 4., der 8. bis 11. Silbe) Länge und Kürze einander ab; in der Mitte (5. bis 7. Silbe) folgen auf eine Länge zwei Kürzen, steht also ein Daktylus. Die Verkürzung der letzten Zeile gibt der Strophe ihren eigentlichen Charakter. Auch andere griechische Lyriker, zum Beispiel Alkaios, haben sie verwendet. Durch Catull, hauptsächlich durch Horaz gelangte sie in die neuzeitliche Lyrik, wobei die Längen durch Hebungen, die Kürzen durch Senkungen ersetzt wurden. Noch in der deutschen Lyrik des 20. Jahrhunderts taucht sie gelegentlich auf. Insgesamt fand aber die alkäische Strophe größere Nachfolge.

Die metrische Grundeinheit der antiken Lyrik ist also die lange oder die kurze Silbe. Sie ist Klang, das Wort ergibt Sinn. Nur bei einsilbigen Wörtern fallen Klang und Bedeutung zusammen. Wenn Sappho sich nicht scheut, ein einzelnes Wort zugunsten des Metrums auseinanderzureißen, indem sie es auf zwei Verszeilen verteilt, wird deutlich, daß der sinnfreie musikalische Ausdruck und Eindruck im Verhältnis zur Syntax und Semantik eine übergeordnete Rolle gespielt hat.

Zwar kennt die Antike keinen Reim. Das Fehlen dieses musikalischen Elements wird jedoch durch die enge Verbindung von Wort und Musik im Gesang mehr als ausgeglichen. Man kann also sagen: Sapphos Lyrik stand der Musik näher, als die von den Alexandrinern überlieferten Texte vermuten lassen. Ihr dionysisch-musikalischer Charakter bedeutet aber nicht, daß subjektive, gar «romantische» Stimmungen vorherrschen. Auch da, wo Liebe und Haß, vom «süßbitteren» Eros geschenkte Glückseligkeit und verhängte Qual, Jubel und Trauer zum Ausdruck kommen, bleiben Sapphos Verse auffallend nüchtern, gegenständlich, konturenscharf.

Die frühgriechische Lyrik war nicht für das Auge eines einzelnen Lesers, sondern für das Ohr einer Gruppe bestimmt. Ihre schriftliche Verbreitung war meistens nicht beabsichtigt und ist da, wo sie stattfand, ein sekundärer Vorgang. Die Anbindung des einzelnen Gedichts an bestimmte gesellschaftliche Ereignisse: die kultische Handlung, die Hochzeit, das Symposion, die Feier des sportlichen Siegs, macht den wichtigsten Unterschied der griechischen und der modernen Lyrik aus. Es gibt nirgends den «Erguß» eines ortlosen- und zeitlosen Ich. Alle griechische Lyrik läßt sich einem «situativen Kontext» zuordnen, ist also im strengen Sinn Gelegenheitsdichtung – um freilich in ihren besten Stücken den Anlaß der Entstehung, den Ort der Aufführung zu transzendieren. Sonst wäre sie mit den Umständen, unter denen sie hervortrat, zugrunde gegangen, und es hätte nicht zur Geschichte ihrer ungeheuren Nachwirkung, nicht zu Sapphos Ruhm (im guten wie im schlimmen Sinn) kommen können.

Sie selbst war sich ihrer überragenden Bedeutung durchaus bewußt. Sie rechnete, wie sie im Alter, im Angesicht des Todes sagt (wiederum natürlich in der Form eines im Mädchenkreis aufgeführten Gedichts) zuversichtlich mit ihrem künstlerischen Fortleben im Diesseits und, unter dem Einfluß orphischer Gedanken, auch im Jenseits.

Zum gesellschaftlichen Rahmen kommt eine zeitliche Dimension: Sapphos Lyrik fällt nicht vom Himmel, sondern wurzelt in einer reichen kulturellen Tradition, die auf der äolischen Insel Lesbos lebendig war. Der äolische Dialekt, in dem ihre Gedichte (und natürlich auch die des Alkaios) verfaßt sind, weicht stark vom ionisch-attischen Griechisch, also dem des Epos und der Tragödie, ab. Seine Musikalität prädestiniert ihn für die poetische Gattung des lyrischen Lieds. Das tönende Haupt des von den thrakischen Frauen zerrissenen Orpheus, des mythischen Inbegriffs der noch dem Naturgesetz überlegenen Macht des Gesangs, soll auf der Leier wie auf einem Floß über das Meer nach Lesbos getragen und hier bestattet worden sein. Historisch greifbar ist die poetische Existenz des Terpander auf der Insel, der als erster eine siebensaitige Leier gebrauchte, und des Arion, dem die Erfindung des Dithyrambos, des von einem Chor vorgetragenen Preislieds auf Dionysos, zugeschrieben wurde. In Sapphos Gedichten finden sich auch Spuren der in Lesbos blühenden Kultur des Volkslieds.

Gern ist im Zusammenhang mit den frühen Zeugnissen der griechischen Lyrik vom Erwachen des Individuums die Rede. Liest man das berühmte Gedicht des Archilochos über den Verlust seines Schildes in der Schlacht, ist die antihomerische Kundgebung nicht zu überhören. Ein Einzelner erhebt seine nur ihm eigene Stimme gegen den Wertekanon der epischen Adelswelt. Das einmalige, unersetzbare Ich ist nicht identisch mit den ersetzbaren Insignien seiner militärischen Rolle. Der frierende Hipponax bedankt sich ironisch bei Hermes, dem Gott der Diebe, daß er sein Gebet um wärmere Kleidung nicht erhört hat. Theognis versieht durch die Namensnennung des Adressaten Kyrnos seine sentenziöse Dichtung mit einem «Siegel», das sie gegen plagiativen Mißbrauch sichern soll. Dreimal stoßen wir in Sapphos Gedichten auf ihren eigenen Namen: als Objekt der Anrede Aphrodites (Nr. 17 und 39) bzw. einer Freundin (Nr. 20) . Auch das ist ein ihre Autorschaft bezeichnendes Siegel. (Die von ihr gebrauchte Namensform lautet «Psappho»; durchgesetzt hat sich statt des Psi das anlautende Sigma in der Anrede des Alkaios.)

Mehr als aus solcher auf Unverwechselbarkeit pochender Akzentuierung spricht das erwachende oder eigentlich schon ganz erwachte Individuum aus der stürmischen Emotionalität, für die Archilochos besonders eindrucksvolle Beispiele bietet und mit der uns Sapphos Verse immer wieder konfrontieren, einer ganz und gar weiblichen Parallele zu den Gefühlsäußerungen ihrer männlichen «Kollegen». Dennoch darf man nicht an den «éveil du genie» denken, den das «Goethe-Mémorial» zu Sessenheim im Elsaß verzeichnet. Das Ich der griechischen Lyrik geht nicht nur weitgehend in die Gruppe ein, in der und für die es seine Kunst veröffentlicht, sondern unterwirft sich auch dem Reglement einer hochgradig artifiziellen Formensprache.

Der Übersetzer muß sie respektieren. Eine möglichst wörtliche Prosaübertragung, wie sie für das Epos angemessen sein kann, ist bei dieser Lyrik ausgeschlossen. Auch eine zweisprachige Ausgabe muß die vom «Inhalt» untrennbare Verssprache nachbilden. Erst recht erzwingt der Verzicht auf das Original die deutsche Gedichtform. Bei allen in der sapphischen Strophe abgefaßten Stücken habe ich mich genau an das Versmaß gehalten (wobei immer zu berücksichtigen ist, daß die antiken Längen und Kürzen durch Hebungen und Senkungen ersetzt sind), während ich bei den übrigen Texten das Metrum nur anklingen ließ. In jedem Fall ging es mir um eine Wiedergabe, die einerseits dem Original so nahe als nur irgend möglich kommen, andrerseits einen Eindruck von der Natürlichkeit vermitteln will, mit der Sapphos Lieder trotz ihres ausgeprägten Kunstcharakters auf ihre ursprünglichen Hörerinnen und bald schon eine unüberschaubare Nachwelt gewirkt haben müssen. Das griechische Original zeigt den fragmentarischen, oft grausam verstümmelten und zerfetzten Zustand der Texte. Ich habe mich bemüht, auch im Fragment das Ganze, auf das es verweist, wenigstens anzudeuten. Deshalb beschränke ich mich auf die berühmten drei eingeklammerten Pünktchen, um am Anfang oder Ende eines Gedichts verlorene Strophen oder Zeilen anzuzeigen. Die Erläuterungen zu den einzelnen Stücken liefern, wenn unbedingt nötig, zusätzliche Informationen zum Erhaltungszustand.

Der aktuelle Übersetzer sieht sich einer Legion von Konkurrenten und Konkurrentinnen gegenüber. Angesichts der Fülle der Vorschläge, die ihm für die Bewältigung der von Silbe zu Silbe, Wort zu Wort, Zeile zu Zeile, Strophe zu Strophe des Originals auftretenden Probleme angeboten werden, sinkt ihm der Mut, an die definitive Gültigkeit der eigenen «Lösungen» zu glauben (auch wenn diese Illusion während der Arbeit an der Übersetzung notwendig ist). Aber die Versuchung, besonders gelungen scheinende Einzelheiten aus anderen Übersetzungen zu übernehmen und so etwas wie ein Potpourri aus den besten «Treffern» zusammenzustellen, verliert schnell ihren Reiz. Der Geist jedes Stücks, mag es noch so fragmentarisch sein, kann nicht additiv, sondern nur aus der Empfindung eines Ganzen wiedergegeben werden. Deswegen ist auch, was gelegentlich gemacht wurde, eine Aufteilung der Texte an die schon vorliegenden Übersetzungen verschiedener Autoren (von Herder über Geibel bis Hausmann, von Welcker über Fränkel zu Schadewaldt und Treu) tief unbefriedigend. Das Nachleben der antiken Dichter würde aufhören, wenn von ihnen nicht immer wieder der Impuls zu neuer Aneignung ausginge.

*

Sapphos Gedichte werden heute üblicherweise nach der Ausgabe von Eva-Maria Voigt, Amsterdam 1971 (Sappho et Alcaeus. Fragmenta), zitiert. In der Reihenfolge der Texte stimmt sie weitgehend mit der Edition von Lobel-Page (Poetarum Lesbiorum Fragmenta, Oxford 1955) überein. Die stark abweichende früher gängige Zählung beruht auf der Ausgabe von Diehl: Anthologia lyrica Graeca, Leipzig 1935. Eine Zuordnung der in dieser Ausgabe übersetzten Gedichte nach den Editionen von Diehl und Voigt folgt am Schluß des Bandes.

Die zweisprachige Ausgabe von Max Treu (München, 2. Auflage 1958, Tusculum-Bücherei) hat mir mit ihrem philologisch zuverlässig edierten Text und den Erläuterungen zu den einzelnen Gedichten nach wie vor gute Dienste geleistet. Die jüngste griechisch-deutsche Ausgabe von Sapphos Gedichten stammt von Andreas Bagordo, Düsseldorf 2009.

Angaben zur Sekundärliteratur finden ich im Handbuch der griechischen Literatur der Antike, herausgegeben von Bernhard Zimmermann. Erster Band: Die Literatur der archaischen und klassischen Zeit, München 2011 (Sappho III.2.13, S. 200–208, bearbeitet von Andreas Bagordo). Weiterhin hilfreich sind Albin Lesky, Geschichte der griechischen Literatur, Bern 1957/58, S. 121–141, Hermann Fränkel, Dichtung und Philosophie des frühen Griechentums, München 1962, S. 191–214 und Joachim Latacz, Die griechische Literatur in Text und Darstellung. Band 1: Archaische Periode, Stuttgart 1991, S. 392–428 (zweisprachig). Außerdem habe ich folgenden Büchern wichtige Anregungen zu verdanken: Eva Demski: Das Meer hört zu mit tausend Ohren. Sappho und die Insel Lesbos. Frankfurt am Main 1995; Sabine Doering, Michael Franz, Valérie Lawitschka (Hrsg.), Orpheus und Sappho auf Lesbos, Hölderlin Gesellschaft und

Edition Isele, Tübingen und Eggingen 2011; Marion Giebel, Sappho, rowohlts monographien 291, Reinbek bei Hamburg 1980; Wolfgang Rösler, Dichter und Gruppe. Eine Untersuchung zu den Bedingungen und zur historischen Funktion früher griechischer Lyrik am Beispiel Alkaios, München 1980; Horst Rüdiger, Sappho. Ihr Ruf und Ruhm bei der Nachwelt. Leipzig 1933; Wolfgang Schadewaldt: Sappho. Welt und Dichtung. Dasein in der Liebe. Potsdam 1950; Wolfgang Schadewaldt: Die frühgriechische Lyrik. Tübinger Vorlesungen Band 3, suhrkamp taschenbuch wissenschaft 783, Frankfurt am Main 1989; Heinz Schlaffer: Geistersprache. Zweck und Mittel der Lyrik, München 2012.

Albert von Schirnding

KONKORDANZ

Zählung nach Diehl und Voigt

Nr.	Diehl (D.)	Voigt (V.)
1	152	132
2	98ab	98
3	25/26	5/15
4	28	17
5	31	20
6	27 a	16
7	5/6	2
8	80	81
9	36	22, 9–19
10	4	34
11	138	156
12	35	23
13	50	47
14	137	130
15	46	51
16	40/41	49
17	1	1
18	2	31
19	98	96
20	96	94
21	94	168B
22	12	41
23	55ab	44
24	135/136	141
25	123	111

Nr.	Diehl (D.)	Voigt (V.)	
26	124	110	
27	131	114	
28	149	137	
29	128	112/116	
30	39	30	
31	114	102	
32	120	104a	
33	116	105a	
34	---	44a	
35	109	150	
36	67	63	
37	97	95	
38	---	Inc.Auct. 27	
39	68	65	
40	58	55/147	
41	10	32	
42	---	---	P. Köln col. I, 1–8
43	32	21	
44	---	---	P. Köln col. I, 9–12; col. II. 1–8
45	107	140	
46	65°	58	